お寺の奥さんがつくるおかず

春夏秋冬、くりかえし食べたくなる禅の旬菜

松原真紗子

大和書房

はじめに - 料理をつくるという喜び

簡単で早くできる、当たり前の料理

　この本をつくりたいと依頼をいただいたとき、「どうして私なのですか、有名な精進料理の先生がたくさんおられるのに」と申し上げました。

　実際に私は専門の勉強などしたことがありません。実家の母や嫁ぎ先の母、また出入りのお年寄りに教えてもらったことばかりでございます。

　私自身、野菜が大好きなので、同じ野菜を利用していろいろ工夫して、毎日を楽しんでいるのみでございます。

　自分でつくった野菜料理は家族にも安心して食べてもらえます。注意深い百一歳になる義父《ちち》も必ず「これは家でつくったね」と念を押してから、安心して食されます。安全なものを食べることは私たちの健康にもつながります。

　この度つくりましたものも特別な大ごちそうなど一つもありません。どこの家庭でも同じようなものをつくられていると思います。何しろ簡単で、早くできて見栄えがして、という当たり前の料理ばかりです。

　忙しい、お若い方々に少しはお役に立てるとうれしいです。

食べる相手の健康も考える

　毎日の食事の献立を考えるとき、手元にあ

る食材を使うのはもちろんですが、私は食べる相手の健康状態を見ながら決めます。百一歳になる義父《ちち》は、毎回、お膳に載ったものは全部食べてくれます。義父は、毎回の食事は薬だと考えています。そのためにも、なるべく口に合いそうなものをつくるように心がけています。

子どもたちもそれぞれ巣立っていきましたが、みんなごはんづくりが好きなので、私がつくるものと同じようなものをつくっているようです。

私は料理をするとき、いつも環境のことを考えます。なるべく汚れた水を下水に流さないように、古新聞や空き箱を再利用したり、ボロ布なども油ふきなどに便利に使います。

手の届くところにいつも置いて、とっても重宝しています。

私が小学校低学年頃までは、食事の支度というと、まず井戸の水を汲み、火をおこすことから始めなければなりませんでした。現在私たちは水も火もすぐに使えます。

この有難い時間や物を何かに役立てたいと常に思っております。

義母《はは》たちに教えてもらった素朴な野菜料理づくりが、お若い方々に日常手軽に楽しんでいただけたら嬉しいです。

Contents

こ の 本 の こ と

だしのこと

この本の料理に欠かせないのが「だし」です。
精進料理では「こぶだし」を使います。
ですから、こぶだしをとって料理をしてみてください。
「こぶだし」の美味しいとり方は、104ページです。

カロリーのこと

この本のカロリー表示は、『五訂増補食品成分表』に基づいて計算しました。
材料は２人分ですが、カロリーは１人当たりの値です。
野菜の分量は一般的な目安に基づきます。
炒めるときに使う油や、いただくときに添える調味料などの適宜分については、
カロリー計算に含まれません。
揚げ物のカロリーについては、食材による吸油率より計算しました。

春のおかず

寒い冬を乗り越え、
大地を割って芽吹いた春の野菜たち。
独特の風味や苦みは生命の息吹を感じさせます。

辛子みそ和え

春の訪れを告げる、菜の花のほろ苦さと辛子のつんとした香り。
ゆでて和えるだけの簡単レシピ。

材料 ｜ 2人分・1人140KCal

菜の花…１束
辛子みそ
　白みそ…大さじ３
　みりん…大さじ２
　酒…小さじ１
　辛子…小さじ１

つくり方

1. 菜の花はさっと塩ゆでし、４cm 長さに切る。
2. 辛子みそをつくる。辛子みその材料をボウルに入れ、よく練る。
3. 切った菜の花を器に盛り、辛子みそをのせてできあがり。

食べる直前に和える

菜の花は独特のほろ苦さと香りが特徴。そのほろ苦さを生かす、おひたしや和え物にむいている。青物の野菜は水分が出るので、食べる直前に和えるとよい。

天ぷら

サックリ衣をかめば、ほんのりほろ苦い菜の花の風味が。
春を満喫できる天ぷら。

材料 | 2人分・1人206KCal

菜の花…1/2束
天ぷら粉…適量
大根おろし…適量
濃口しょう油…適量
揚げ油…適量

つくり方

1．菜の花は洗って水気を切り、葉と芯に切り分ける。芯はさらに3cmくらいの大きさに切る。
2．葉と芯を3～4本ずつまとめ、溶いた天ぷら粉でころもをつける。
3．揚げ油を中温に熱し、菜の花を揚げる。
4．浮かんできたら油から上げ、大根おろしと濃口しょう油でいただく。

形よく揚げるコツ

菜の花は揚げると、葉が広がって形が崩れてしまうので気をつけて。油に入れたとき、10秒くらい箸で押さえておけば葉が広がらず、形もきれいに仕上がる。

木の芽和え

春の息吹を感じさせる一品。
新鮮なたけのこに、木の芽のほろ苦さがとてもマッチする。

材料　|　2人分・1人63KCal

たけのこ…100 g
木の芽みそ
　木の芽…5枚
　ほうれんそう…1株
　白みそ…大さじ1
　薄口しょう油…小さじ2

つくり方

1．たけのこは下ゆでし、短冊切りにする。
2．ほうれんそうはゆでてみじん切りにする。木の芽は4枚を細かく刻む。
3．木の芽みそをつくる。②と白みそ、薄口しょう油をボウルに入れ、よく練る。
4．木の芽みそと切ったたけのこを和えて器に盛り、飾りつけに木の芽1枚をのせてできあがり。

青物をいれて辛みを和らげる

木の芽だけをみそに混ぜると辛すぎて、味わうどころではなくなるので、青物を少し入れて刺激を和らげる。また、飾り付けにのせるときに、手で軽くたたくと香りがでる。

竜田揚げ

しっかり味付けしたたけのこを揚げていただく。
アツアツもいいけど冷めても美味しい。

材料 ｜ 2人分・1人112KCal
たけのこ…100 g
砂糖…大さじ1/2
濃口しょう油…大さじ1 1/2
天ぷら粉…適量
揚げ油…適量

つくり方
1．たけのこは下ゆでし、一口大に切る。
2．鍋にたけのこ、砂糖、濃口しょう油を加え火にかける。
3．たけのこに味がついたら火を止め、溶いた天ぷら粉に通しころもをつける。
4．揚げ油を中温に熱し、ころもがきつね色になるまでさっと揚げる。

揚げすぎに注意

たけのこを揚げすぎるとグニャっとした食感になってしまうので気をつけて。ころもが色づいたら油から上げてしまってよい。片栗粉をまぶしただけの素揚げでも美味しい。

塩ゆで

ゆでるときにごま油をひとたらし。
風味だけでなくまろやかさとアスパラの甘みを引き出してくれる。

材料 ｜ ２人分・１人34KCal

アスパラ…４本
塩…小さじ１
ごま油…小さじ１

つくり方

1．アスパラは洗ってはかまを取り、半分に切る。
2．鍋にたっぷりの水を入れて火にかけ、塩とごま油を加える。
3．沸いたらアスパラを入れて２分ほどゆで、器に盛って塩（分量外）をかけていただく。

塩だけじゃないバリエーション

油を入れてゆでれば、ただゆでるだけよりも、アスパラがしっとりとして食べやすくなる。マヨネーズやごまだれとも合うので、お好みの味付けでバリエーションが楽しめる。

串揚げ

アスパラの歯ごたえも香りもいきる。
サクサクほっこり、何本でも食べられる軽い口当たり。

豆腐や生麩をはさんで揚げても絶品

材料 | 2人分・1人225KCal

アスパラ…6本
ころも
　小麦粉…適量
　卵…1個
　パン粉…適量
揚げ油…適量

つくり方

1. アスパラは4分の1の大きさに切り、3～4個ずつ竹串にさす。
2. 小麦粉、卵、パン粉の順につけ、中温の油で揚げる。

もう少しボリュームがほしいとき

アスパラはどんな食材とも相性がよい。食べ応えがほしいときは、しっかり水切りした豆腐、玉ねぎ、生麩などと揚げると、一品料理から、メインのおかずに早変わり。

酢みそ和え

うどの苦みに甘酸っぱいみそがよく合う。
シャキシャキした歯ごたえも楽しい。

材料 | 2人分・1人58KCal
うど…1本（200 g）
酢みそ
　白みそ…大さじ1
　みりん…大さじ1
　酢…小さじ2

つくり方
1. うどは洗って芽の部分を切り取り、茎は皮をむいて短冊切りにし、酢水（分量外）につける。
2. 酢みそをつくる。酢みその材料をボウルに入れ、よく混ぜ合わせる。
3. うどの水をよく切り、酢みそと和えてできあがり。

芽の部分は天ぷらに

酢みそ和えに使わなかった芽の部分は天ぷらにすると、うどを丸ごと1本上手に使える。また、茎は細切りにして炒め、しょう油、酒、みりんで炒め煮にすればきんぴらにも。

天ぷら

独特の味が苦手な人も、天ぷらにすれば食べられる。
うどの香りで季節感を楽しんで。

材料 | 2人分・1人270KCal

うど…1本（200ｇ）
天ぷら粉…適量
揚げ油…適量

つくり方

1．うどは洗って芽と茎の部分を切り分け、茎の部分は皮をむいて薄切りにする。
2．芽はそのまま、薄切りにした茎は数枚まとめ、溶いた天ぷら粉でころもをつける。
3．揚げ油を中温に熱し、きつね色になるまで揚げる。

揚げ時間で苦みが変わる

うどは揚げると苦みが取れるので独特の苦みが苦手な人は、よく揚げると食べやすくなる。うどが好きな人はさっと揚げ、そのまま香りやクセのある苦みを楽しんで。

ピーマンみそとねぎみそ添え

セロリの苦みとみそのまろやかさの相性もよく、
後をひく味がたまらない。

材料 ｜ 2人分・1人296KCal

合わせみそ
- みそ…50g×2
- 酒…大さじ1×2
- みりん…大さじ1×2
- 砂糖…大さじ1×2
- ごま…小さじ1×2
- サラダ油…小さじ1×2

長ねぎ…50g
ピーマン…3個
セロリ…1～2本

つくり方

1. ピーマンみそをつくる。ピーマンはみじん切りにしてサラダ油を熱したフライパンで炒め、合わせみその材料を加え練り上げる。
2. ねぎみそをつくる。長ねぎはみじん切りにしてサラダ油を熱したフライパンで炒め、合わせみその材料を加え練りあげる。
3. セロリはすじを取ってスティック状に切り、それぞれみそをつけていただく。

とうがらしを入れても

みそは赤とうがらしや青とうがらしを入れてつくっても美味しい。ピリッと辛いみそは、お酒のおつまみにもよく合う。多めにつくってジャムの空瓶に入れておけば、2～3週間保存できる。

炒め煮

ご飯にとってもよく合う一品。
野菜100％のふりかけとして。

材料 ｜ 2人分・1人139KCal

セロリ…2本
酒…大さじ2
みりん…小さじ1
濃口しょう油…大さじ3
サラダ油…大さじ1
ごま油…小さじ1

つくり方

1. セロリは、みじん切りにする。
2. 鍋にサラダ油を熱し、セロリを炒める。
3. 少ししんなりしてきたら、酒、みりんを入れ2～3分炒め、まだ硬いようならば水1/2カップを加え、やわらかくなるまで煮る。
4. 濃口しょう油を入れてさっと混ぜ、香りづけにごま油をふる。

残った部分を上手に使って

セロリの葉や芯など、残った部分だけ使ってつくってもよい。冷蔵庫で保存しておけば1週間は保存できる。しっかり味が染み込んでいるので、炒飯の具にしても美味しく食べられる。

ごま酢和え

体にうれしい副菜。
キャベツをゆでることで甘みが出て、ごまを加えることで香りが豊かに。

材料 ｜ 2人分・1人118KCal

キャベツ…1/6個
しょうがの甘酢漬け…ひとつまみ
いりごま…大さじ2
砂糖…小さじ2
薄口しょう油…大さじ1
しょうがの漬け汁…大さじ1

つくり方

1. キャベツは一口大に切る。芯は薄く切って、葉がやわらかくなるまでゆでる。
2. しょうがの甘酢漬けはみじん切りにする。
3. すり鉢にいりごま、砂糖、薄口しょう油としょうがの漬け汁を入れてよくあたる。
4. キャベツとしょうがを加えて和える。

春キャベツを使うなら

春キャベツは葉がやわらかく生食向きなので、さっとゆでる程度で、キャベツの感触を楽しめる。
また、しょうがの甘酢漬けがなかったら、普通のお酢で代用してもよい。

和風ロールキャベツ

あっさりとしたしょう油ベースの味わいに、
最後のスープまで飲み干したくなる。

あっさりトマト
ソースで洋風に

材料 | 2人分・1人281KCal

キャベツ…4枚
木綿豆腐…1/2丁
エリンギ…1本
パン粉…1/2カップ
卵…1個
片栗粉…少々
塩…小さじ1
コショウ…少々
こぶだし…3カップ
薄口しょう油…大さじ1

つくり方

1. キャベツは破れないように葉をはがし、芯は細い切り目を入れて熱湯に10秒程通す。
2. 豆腐はよく水を切り、エリンギは1 cm角に切る。
3. ボウルに②とパン粉、卵、片栗粉、塩、コショウを加えて、よく練る。
4. ③を4等分に分けて丸め、キャベツの葉で包み楊枝で留める。
5. 大きめの鍋に④を並べてこぶだしを入れ、20～30分とろ火で煮る。
6. 最後に薄口しょう油と水溶き片栗粉小さじ1（分量外）を加え、とろみをつける。

洋風ソースでもっと美味しく

トマトの皮と種をとって角切りにし、砂糖小さじ1とウスターソース小さじ1を加えて火にかければ、洋風ソースのできあがり。あっさりした味にトマトの風味がよく合う。

お好み焼き

キャベツだけでつくるシンプルなお好み焼き。
冷めてもかたくならないから、おやつにもできる。

材料 ｜ 2人分・1人293KCal

キャベツ…1/2個
しょうがの甘酢漬け…適量
長いも…30ｇ
小麦粉…1カップ
卵…1個
天かす…適量
海苔…適量
とんかつソース…適量
マヨネーズ…適量
サラダ油…適量

つくり方

1. キャベツは粗いみじん切りにし、しょうがの甘酢漬けもみじん切りにする。長いもは皮をむいておろしておく。
2. 小麦粉に、①と卵、天かすを入れてよく混ぜる。
3. フライパンにサラダ油を熱し、②を適量入れて形を整え中火で焼き色をつける。
4. 両面に焼き色がついたらフタをし、とろ火で20分ぐらい焼く。
5. 中まで火が通ったら器に盛り、ソース、マヨネーズを添える。

お好み焼きソースを手づくりで

とんかつソース大さじ3にみりん大さじ1を加えて火にかければ、お好み焼きに合う甘いソースがつくれる。ウスターソースを使う場合は、ゆるくならないよう分量を加減して。

夏のおかず

夏の暑さに負けない力強さをいただく季節。
どの野菜たちも、この季節、
私たちに必要な水分と栄養分を与えてくれます。

枝豆豆腐

ビールのつまみだけじゃもったいない。
ほんのり枝豆の香りがする上品で涼やかなひと皿。

材料 ｜ ２人分・１人312KCal
枝豆…250ｇ（皮つき）
本葛…80ｇ
塩…小さじ１
水…２1/2カップ
薄口しょう油…小さじ１

つくり方

1. 枝豆は塩ゆで（４分）して豆を取り出し、薄皮をむいてすり鉢であたる（ミキサーを使ってもよい）。
2. 水を入れた鍋に本葛をザルでこしながら入れ、中火にかけてへらでかき回しながら煮溶かす。
3. つぶした枝豆を入れて混ぜ、固まりかけたら中火にしてよく練り、型に流して冷ます。
4. 食べやすい大きさに切り分け、薄口しょう油でいただく。

ずんだにもできる

つぶした枝豆に砂糖を加えれば、甘いずんだができる。枝豆をつぶすとき、粗くしたほうが食感がよくなる。砂糖の量は好みで調整すること。白玉やお餅につけていただく。

つぶし豆の白和え

旬の枝豆を豆腐の衣でなめらかに和える。
枝豆のツブツブが織りなす独特の食感が楽しい。

具材を増やせばメインのおかずにも

材料 ｜ 2人分・1人184KCal

木綿豆腐…1丁
枝豆…100 g
塩…小さじ1
薄口しょう油…大さじ1/2
砂糖…大さじ1

つくり方

1. 豆腐は熱湯でゆでてから水を切る。
2. 枝豆は塩ゆで（4分）して豆を取り出し、薄皮をむき、すりこぎでたたいて粗くつぶす。
3. すり鉢に豆腐を入れてつぶし、薄口しょう油、砂糖を加えてさらにあたる。
4. ②と③を混ぜ合わせてできあがり。

具材を増やしてバランスアップ

こんにゃくやにんじんを入れると、枝豆の緑に加え、赤や黒など色とりどり、見た目も美味しくなる。美肌効果の枝豆と豆腐のイソフラボンで疲れた夏肌ケアにも。

みそ炒め

みその甘さににがうりの苦みが加わり、
くせになる旨みが口いっぱいに広がる。

材料 ｜ 2人分・1人128KCal
にがうり…大1本
砂糖…小さじ2
酒…大さじ2
みそ…大さじ1
サラダ油…大さじ1

つくり方

1. にがうりは縦半分に切って種とわたを取り、斜め切りにする。
2. フライパンにサラダ油を熱し、にがうりと砂糖を入れて炒め、全体に油が回ったら酒を加える。
3. にがうりがしんなりしてきたらみそを入れ、味を調える。

美味しい苦みだけを残す

にがうりの種とわたはスプーンなどでくり抜けば、きれいに取れる。苦みが強いのでしっかり取り除くこと。調理する際に軽く塩もみしたり、砂糖を入れると苦みが薄れる。

やわらか煮

じんわり広がる苦みと旨みのしっかり味で、
おかずの主役になれる一品です。

材料 ｜ ２人分・１人207KCal

にがうり…大１本（小５本）
なす…中３本
サラダ油…大さじ１1/2
水…1/2カップ
濃口しょう油…1/2カップ
みりん…小さじ１
酒…50ml

つくり方

1．にがうりは縦半分に切って中の種を出し、５mm厚さの薄切りにする。なすは２cm幅に切る。
2．鍋にサラダ油を熱して①を入れ、炒める。全体に油が回ったら、水、濃口しょう油、みりん、酒を加えて煮る。
3．なすがしんなりして、やわらかくなったらできあがり。

煮るほどに食べやすく

何回か煮なおしても、にがうりの苦みが和らぎ食べやすくなる。なすにも味が染みてより一層美味しい。ビタミンＣもたっぷり摂れるので、にがうりが苦手な人にもおすすめ。

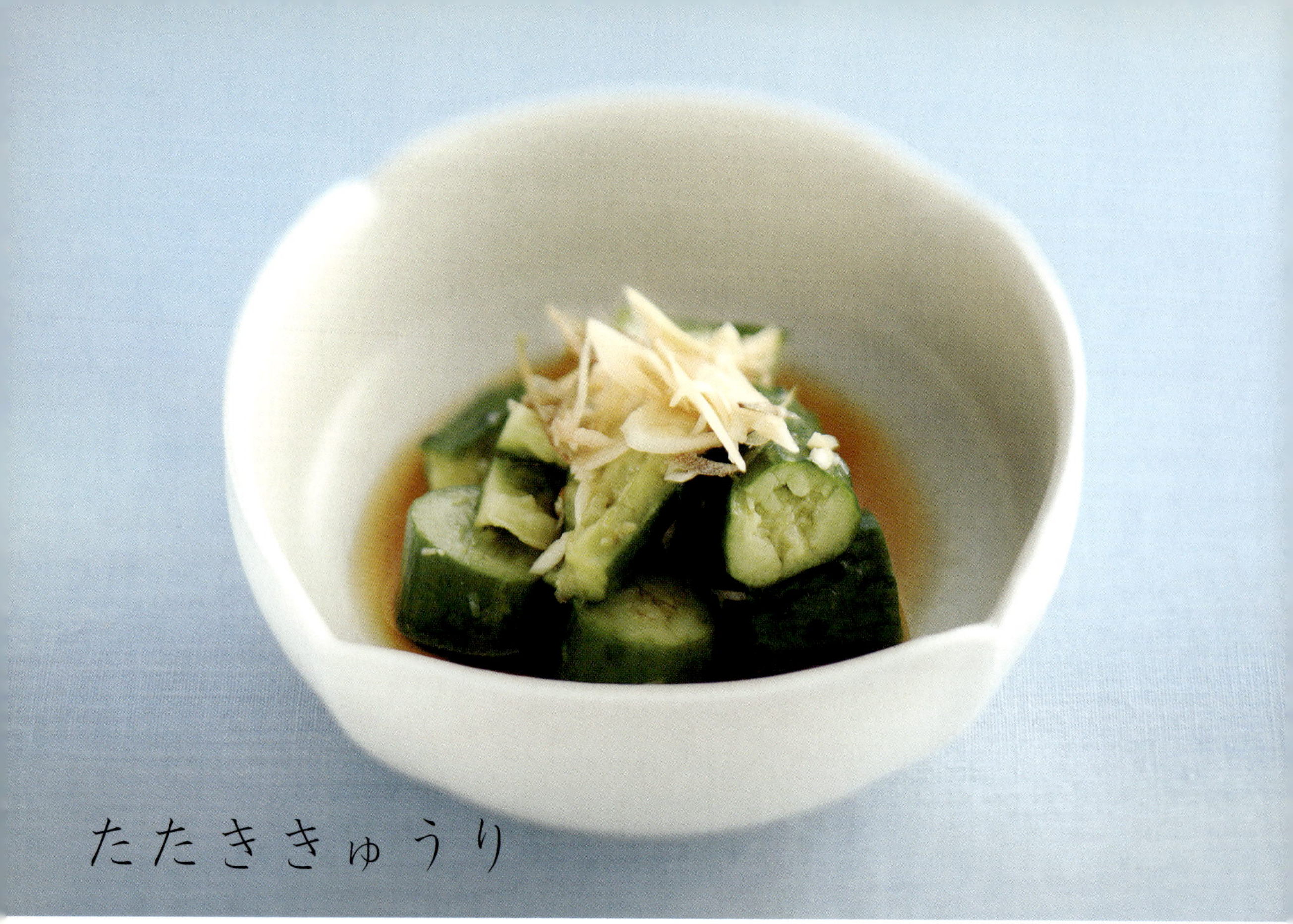

たたききゅうり

たたくことできゅうりの味が大きく変わる。
ごま油の風味が味の決め手。

材料 ｜ 2人分・1人62KCal

きゅうり…2本
みょうが…1本
青じそ…2枚
塩…小さじ2
合わせ調味料
　濃口しょう油…大さじ1/2
　酢…大さじ1/2
　みりん…大さじ1
　ごま油…小さじ1

つくり方

1．きゅうりは塩をまぶして板ずりし、すりこぎで軽くたたいて2cm幅に切る。
2．みょうが、青じそはせん切りにする。
3．合わせ調味料を混ぜ合わせてたれをつくり、きゅうりにからめる。
4．みょうが、青じそをかけてできあがり。

板ずりの効果

塩をふり、まな板の上で板ずりすることによって、表面のイボだけでなくきゅうり自体のえぐみも取れる。また、きゅうりの青みが鮮やかになって、味も染み込みやすくなる。

きゅうりもみ

ほんのりごまと青じその風味が香る。
あと一品箸休めが欲しいときにうれしい。

材料 ｜ 2人分・1人78KCal
きゅうり…2本
青じそ…3枚
塩…小さじ1
すりごま…大さじ2
砂糖…小さじ1
濃口しょう油…大さじ1
酢…小さじ2

つくり方
1. きゅうりは薄い小口切りにし、塩をふっておく。
2. きゅうりがしんなりしたら軽くもみ、水気をしぼる。
3. すり鉢にすりごま（いりごまならする）、砂糖、濃口しょう油、酢を入れ、よくあたり、ごま酢をつくる。
4. きゅうり、せん切りにした青じそを和えてできあがり。

きゅうりの水気を残さない
きゅうりは塩をふって水分を引き出しておくと水っぽくならなくてよい。塩もみのあと、水気はしっかり切ること。食べる直前に、きゅうりをごま酢で和えるのがポイント。

丸煮

たっぷり含んだ煮汁がジューシー。
しょうがの辛さが食欲をそそる。

材料 ｜ 2人分・1人282KCal

なす…中4個
しょうが…1かけ
サラダ油…大さじ2
水…200ml
酒…1/2カップ
濃口しょう油…1/2カップ
みりん…大さじ2

つくり方

1．なすはへたのまわりを切りそろえ、よく洗う。しっかり水気をふき取る。
2．しょうがは皮をむき、すりおろす。
3．鍋にサラダ油を熱し、なすを入れて皮がしんなりするまで炒める。
4．水、酒、濃口しょう油、みりんを加え、煮汁がなくなるまでよく煮詰める。
5．煮汁がなくなったら器に盛り、②のしょうがを添えてできあがり。

おかずにも、つまみにも

少し濃い目の味付けにし、冷やして食べても美味しい。十分煮詰めてあるので、冷めてもやわらかく、 さっぱりといただける。おかずにも、お酒のつまみにも合う一品。

田楽

肉厚ななすに甘辛いみそが実によく合う。
京のおばんざいの定番料理。

材料 ｜ 2人分・1人278KCal

加茂なす…1個
田楽みそ
　赤みそ…大さじ2
　すりごま…大さじ2
　砂糖…大さじ1
　みりん…大さじ1
　酒…大さじ1
　水…1/2カップ
いりごま…適量
サラダ油…大さじ2

つくり方

1. 加茂なすは横半分に切り、縁に沿って切り込みを入れる。安定をよくするため底も少し切り落とす。
2. 田楽みそをつくる。材料を鍋に入れて火をかけ、よく練り上げる。
3. フライパンにサラダ油を熱し、なすの切り口を下にして中火で焼く。
4. 10秒程したら、裏返して水を入れ、フタをしてとろ火で7～8分蒸す。
5. 竹串がすっと通ればできあがり。器に盛り、田楽みそをのせてごまを飾る。

加茂なすがなければ

なすの田楽といえば、京野菜で有名な加茂なすでつくるのが一番美味しいと言われますが、手に入らない場合は米なすや丸なすでもかまいません。種類によって蒸し時間を調整すること。

葛ひき

ほろりとやわらかい冬瓜と、だしのきいた葛が、
繊細で上品な味を醸し出す。

材料 ｜ ２人分・１人175KCal

冬瓜…300ｇ
本葛…大さじ１
こぶだし…３カップ
薄口しょう油…大さじ１

つくり方

1. 冬瓜は大きめの一口大に切ってから種とわたを取り、薄く皮をむく。
2. 鍋に水と冬瓜を入れ、やわらかくなるまで煮たら、こぶだしを加えさらに煮る。
3. 同量の水で溶いた葛を入れてとろみをつけ、薄口しょう油を加えて味を調える。

冷やしても美味しい

温かいまま食べても美味しいが、夏の食欲のない時期には、冷蔵庫で冷やしてから食べるのもおすすめ。冬瓜のとろけるような食感を、よりあっさりと楽しめる。

寒天寄せ

ひんやり見た目も涼しげ。
水分をたっぷり含んだ冬瓜と寒天の食感が絶妙です。

材料　|　２人分・１人94KCal

冬瓜…100ｇ
こぶだし…２カップ
粉寒天…４ｇ
　（同量の水で溶いておく）
薄口しょう油…大さじ１

つくり方

1．冬瓜は薄く皮をむいて半分を千切りにし、もう半分はすりおろす。
2．鍋にこぶだしと①を入れ、やわらかくなるまで煮る。
3．薄口しょう油で味をつけて溶いた寒天を加え、かたまりかけてきたらスプーンでかき回す。
4．冷蔵庫に入れ、冷やしてから器に盛る。

少しの工夫で色んな味に

味付けをしないで、黒蜜をかければおやつにも。きゅうりを添えて三杯酢をかけても美味しいし、お吸い物に入れれば具にもなる。少しの工夫で、様々な味が楽しめる。

長いも和え

口当たりがよくのどごしもさっぱり。
そのままでも、冷たいそばにのせても旨い。

材料 ｜ ２人分・１人60KCal
オクラ…５本
長いも…150 g
塩…小さじ１
薄口しょう油…小さじ２

つくり方
1．オクラはさっと塩ゆでし、小口切りにする。
2．長いもは皮をむいて酢水にしばらくつけてから、細いせん切りか薄い短冊切りにする。
3．薄口しょう油を器の周りに垂らし、長いも、オクラを盛る。
4．食べるときに、混ぜていただく。

食べ方色々

オクラと長いもだけでも美味しいが、納豆をプラスしても違った風味が楽しめる。また、冷奴の上にのせると、ひんやりツルツル夏にぴったりのボリュームおかずに。

天ぷら

オクラの種のプチプチ感と特有の粘りが天ぷらにも合う。
意外と知られていないオクラの食べ方。

材料 ｜ 2人分・1人122KCal

オクラ…6本
天ぷら粉…適宜
塩…適宜
揚げ油…適宜

つくり方

1．オクラは軽く洗って水気をよくふき取り、大きいものは半分に切る。
2．オクラに水で溶いた天ぷら粉で、衣を付ける。
3．揚げ油を中温に熱しておくらを揚げ、浮き上がったら油から引き上げる。
4．器に盛って、塩でいただく。

好みの味付けで食べる

天ぷらなので、塩や天つゆで食べてももちろん美味しいが、少し趣向を変えて、ごまドレッシングをかけてもよい。天ぷらをサラダ感覚でいただける。

ズッキーニ

素揚げ

油と相性がいいから、揚げても旨い。
甘くてほっこり、素材の味が堪能できる。

材料 ｜ ２人分・１人58KCal

ズッキーニ…１本
揚げ油…適量
塩…適量

つくり方

1．ズッキーニは５mm太さの輪切りにし、キッチンペーパーなどでよく水気をふき取る。
2．ズッキーニを高温の油で揚げ、少し色がついたら引き上げて油をきる。
3．塩を添えてできあがり。

意外と水分が多い

ズッキーニは水分を多量に含んでいるので、水気は十分にふき取ること。また、すぐに火が通るので、揚げすぎないように、ほんのりと色がついたら油から上げるのがコツ。

秋のおかず

夏の激しい太陽と雨の恵みを存分に蓄えた、
秋の野菜たちは実りそのもの。
その力強さをいただくことにいたしましょう。

煮物

かぼちゃの甘みや色を活かした、優しくシンプルな味わい。
ホクホク感がたまらない。

材料 ｜ ２人分・１人129KCal

かぼちゃ…200ｇ
砂糖…大さじ１
酒…大さじ１
濃口しょう油…大さじ２

つくり方

1．かぼちゃは種とわたを取り、皮付きのまま好みの大きさに切る。
2．鍋にかぼちゃとひたひたの水を入れて中火にかける。
3．砂糖、酒を加えて一煮立ちしたら、濃口しょう油を入れて弱火にし、７～８分煮る。
4．竹串をさし、すっと通るようになればできあがり。

かぼちゃの種類で食感が変わる

かぼちゃは大きくわけて、日本かぼちゃと西洋かぼちゃに分けられる。日本かぼちゃでつくると舌触りがよく、西洋かぼちゃでつくるといものようにホクホクに仕上がる。

マッシュサラダ

冷たくして食べても美味しいデザートサラダ。
きゅうりのさわやかさが決め手。

材料 ｜ ２人分・１人177KCal

かぼちゃ…200 g
きゅうり…１本
塩…小さじ1/2
マヨネーズ…大さじ２

つくり方

1. かぼちゃは種とわたを取り、皮付きのまま小口切りにする。
2. 鍋にたっぷり湯を沸かしてやわらかくなるまでゆで、熱いうちに軽くつぶす。
3. きゅうりは斜め薄切りにし、塩をまぶしてしばらくおく。
4. きゅうりがしんなりしたら水気をしぼり、つぶしたかぼちゃに混ぜてマヨネーズで和える。

皮を入れて彩りよく

皮をむかないで入れることにより、緑色が入って見た目もきれいに仕上がり、食べ応えも十分。また、干しぶどうを加えて混ぜれば、さらに甘みが増して食感も楽しくなる。

ころころ天ぷら

ほんのり甘くてサクサク。
さつまいもがころころだから、食べやすくて止まらない。

材料 | 2人分・1人220KCal

さつまいも…1本
天ぷら粉…適宜
ごま塩…適宜
揚げ油…適宜

つくり方

1. さつまいもはよく洗って泥を落とし、1cm角の大きさに切る。
2. さつまいもを1分程ゆでて湯を切り、水溶きした天ぷら粉をつける。
3. 揚げ油を中温に熱し、②を大きめのスプーンですくって入れ、揚げる。
4. きつね色に変わったら油から上げ、ごま塩でいただく。

おかずにもおやつにも

さつまいもの甘みが生きているので、そのままでも食べられるが、おかずとして出すならごま塩を添えて。甘辛さがご飯によく合う。砂糖をまぶせばおやつにも。

レモン煮

さつまいもの自然な甘みと、レモンのほのかな酸味が織りなす、
ほっと懐かしい味。

材料 ｜ 2人分・1人158KCal
さつまいも…1本
レモン…1/2個
オレンジジュース(100%)…2カップ
砂糖…大さじ2

つくり方

1. さつまいもは6～7mm厚さの輪切りにし、レモンは皮をむいて輪切りにする。
2. 鍋にオレンジジュースと砂糖を入れて火にかけ、さつまいも、レモンを加えて7～8分煮る。
3. さつまいもに、竹串がすっと通るようになったらできあがり。

オレンジジュースの代わりに

オレンジジュースがなければ水2カップを入れて煮てもよい。また、レモンの代わりにオレンジの輪切りを入れてもいい。みかんを入れて煮れば優しい甘さに仕上がる。

きぬかつぎ

塩でいただく、昔ながらのシンプルな味。
ねっとりとした口当たりと甘さが美味しい料理。

材料　｜　2人分・1人145KCal

里いも…小10個
しょうが…少々
濃口しょう油…適宜

つくり方

1. 里いもは皮をむかないように洗って泥を落とし、頭の部分を少し切る。
2. 蒸し器に里いもを入れ、やわらかくなるまで20分程蒸す。
3. しょうがは皮をむいておろしておく。
4. 皮をつるんとむいて、しょうがじょう油をつけていただく。

きぬかつぎを食べるなら

きぬかつぎには石川芋が最適。やわらかく、やや淡白で大きさがそろっているので、蒸し物に向いている。食べるときはぶどうの実を出すように指でつまむ。

煮物

こっくりと甘辛い煮汁が染み込んで、素朴だけれど味わい深い。
アツアツのご飯にぴったり。

材料 ｜ 2人分・1人160KCal

里いも…200 g
油アゲ…1枚
干ししいたけ…1個
水…1 1/2カップ
砂糖…大さじ1/2
酒…大さじ1
薄口しょう油…大さじ1
みりん…大さじ1/2
しいたけの戻し湯…
（湯1/2カップ、砂糖小さじ1）

つくり方

1．里いもは皮をむき、大きければ一口大に切ってゆで、水で洗ってぬめりを落とす。
2．油アゲは湯通しし、1cm幅に切り、干ししいたけは戻し湯に入れ、10分程戻して細切りにする。
3．鍋に水、里いも、油アゲ、しいたけを戻し汁ごと入れ、砂糖、酒を加えて4～5分煮たら、薄口しょう油を加え、里いもがやわらかくなるまでさらに煮る。
4．みりんを加えて火を止め、しばらくおいて味を染み込ませる。

里いものぬめりの落とし方

ゆでてから水で洗う以外にも、火にかける前に塩もみしてもぬめりは取れる。ぬめりを落としすぎると栄養素も流れるので注意が必要。

天ぷら

しめじの香りと天ぷらの香ばしさをそのまま楽しめる。
衣をかめばしめじの味がじんわりと。

材料 | 2人分・1人111KCal

しめじ…1/2パック
天ぷら粉…適宜
揚げ油…適宜

つくり方

1. しめじは石づきを落とし、3本ずつの小分けにし、溶いた天ぷら粉をまぶす。
2. 揚げ油を中温に熱し、しめじを揚げる。
3. 浮いてきたら油から上げ、好みで塩かだし汁でいただく。

天ぷらするならきのこ三昧

しめじだけでなく、マイタケやエリンギを加えてきのこ三昧。3種類のきのこをまとめて揚げ、一気に秋の味覚を味わうのも楽しい。少し贅沢に、松茸を揚げても美味しい。

菊花和え

菊の花の甘酢漬けのさわやかな酸味を活かした酢の物。
しめじと菊で季節感を満喫。

材料 ｜ 2人分・1人51KCal

しめじ…1/2パック
菊の花…1パック（100ｇ）
甘酢
　酢…1/4カップ
　砂糖…大さじ1 1/2
　酒…小さじ1/2

つくり方

1. しめじは石づきを落とし、ばらばらにほぐしてゆでる。
2. 菊の花は花びらを取り、熱湯でさっとゆでてザルに上げ、甘酢に漬ける。
3. しめじと②を和えてできあがり。

菊の花の甘酢漬け

食用菊には黄色い菊と、薄紫の菊「もってのほか」の2種類があります。両方ともゆがくと色があせますが、酢に漬けると鮮やかな色に戻ります。

短冊揚げ

食感はホクホクだけど、さっぱりシンプルな味は変わらず。
秋の食卓にやさしいぬくもり。

材料 ｜ 2人分・1人86KCal

長いも…150 g
片栗粉…適宜
揚げ油…適宜
塩…適宜

つくり方

1. 長いもは皮をむき、5 mm厚さの拍子切りにし、片栗粉をまぶす。
2. 揚げ油を中温に熱し、長いもを揚げる。
3. 少し焦げ目がついたら油から上げ、塩を添えて器に盛る。

火が通ると食感が変わる

そのまま食べるとシャキシャキ美味しい長いもだが、火を通すとやわらかくホクホクになる。火加減によって食感が変化するので、サクサク感を楽しみたい場合はさっと揚げること。

とろろ椀

とろりとした口当たりがやさしい。
おろしてだし汁を加えるだけで、格別の美味しさに。

材料 ｜ ２人分・１人179KCal

長いも…300ｇ
こぶだし…２カップ
薄口しょう油…小さじ１
もみのり…少々

つくり方

1. 長いもは洗って皮をむく。
2. こぶだしに薄口しょう油を加え、だし汁を作る。
3. 長いもをすり鉢であたり（おろし器でおろしてもよい）、少しずつだし汁を加えながら、なめらかになるまで混ぜる。
4. 椀に盛り、もみのりをのせてできあがり。

とろみは好みによって変えて

いもの種類によってすりおろしたときのかたさが違うので、だし汁で調整を。もったり濃いめがよいなら少なめに、さらっと薄めがよいなら多めにだし汁を加え、加減する。

たたきごぼう

たたくことで食べ応えのある食感を残しながら、
味もしっかり染み込みます。

材料 ｜ ２人分・１人115KCal

ごぼう…1/2本
ごま酢
　酢…大さじ１
　砂糖…小さじ１
　薄口しょう油…大さじ１
　すりごま…大さじ３

つくり方

1. ごぼうはたわしでよく洗って泥を落とす。
2. まな板にごぼうをのせ、すりこぎなどで形が崩れない程度にたたき、３cm長さに切る。
3. 鍋に湯をわかし、ごぼうを入れて５～10秒ほどゆで、ザルに上げる。
4. 熱いうちにごま酢で和えてできあがり。

お酢で煮ると日持ちする

ごぼうをゆでてから、酢（大さじ1/2）とこぶだし（1/2カップ）でもう一度煮ると、やわらかくなって日持ちする。特におせちのときはこの方法が便利。

細切りきんぴら

ごま油と赤とうがらしの風味にご飯がすすむ。
シャキシャキした歯ごたえで満腹感も大幅アップ。

材料 ｜ ２人分・１人164KCal

ごぼう…１本
赤とうがらし…1/2本
サラダ油…大さじ１
酒…大さじ３
水…1/2カップ
濃口しょう油…大さじ３
みりん…大さじ１

つくり方

1. ごぼうはよく洗って泥を落とし、2.5cm長さに切ってから細切りにする。
2. 赤とうがらしは細い輪切りにする。
3. 鍋にサラダ油を熱してごぼうを炒め、しんなりしたら酒、水を加えて少し煮る。
4. 水気がなくなり、ごぼうがやわらかくなったら濃口しょう油、みりんを加え味を調える。
5. 赤とうがらしをまぶし、器に盛ってできあがり。

お腹満足健康料理

甘辛く煮てあるから、ごぼうのくさみも気にならず、食物繊維がたっぷり摂れる。にんじんを加えれば、便秘改善に効果大。さらにこんにゃくを加えれば整腸効果も。

竜田揚げ

カリッと揚げた中から、ごぼうの甘みとしっかり味がにじみ出す。
冷めてもおいしいおかず。

材料 ｜ 2人分・1人172KCal

ごぼう…1/2本
砂糖…大さじ1/2
濃口しょう油…大さじ1
天ぷら粉…適宜
揚げ油…適宜

つくり方

1. ごぼうはたわしでよく洗って泥を落とし、4 cm長さに切る。太いものは縦に半分に切る。
2. 鍋にひたひたより少し多めの湯を沸かしてごぼうを入れ、砂糖大さじ1/2（分量外）を加えてやわらかくなるまでゆでる。
3. やわらかくなったら砂糖、濃口しょう油を加え、水気がなくなるまで煮る。
4. 煮詰めたごぼうを水で溶いた天ぷら粉にくぐらせ、中温の揚げ油でさっと揚げる。

揚げすぎに注意

すでに煮てやわらかくなっているので、あまり揚げすぎると黒くなってしまうから気をつけて。しっかりと味を煮含めてあるので、食べるときは何もつけずにいただく。

冬のおかず

冬の野菜はとても優しく、そして美しい。
私たちの体を温めてくれる。
野菜が足りなくなるこの季節。
優しさを温かくいただきたい。

ふろふき - 白ごまみそ

かぶはすぐにやわらかくなるので短時間でできる。
だし汁で煮るからとてもまろやか。

材料 ｜ 2人分・1人167KCal

かぶ…大2個（小4個）
こぶだし…1 1/2カップ
白ごまみそ
　白みそ…大さじ1 1/2
　すりごま…大さじ1
　みりん…大さじ1
　酒…大さじ1

つくり方

1. かぶは皮をむき、鍋にこぶだしを入れて煮る。
2. やわらかくなったら取り出し、頭の部分を上から1/3位のところで切って下の部分の中をスプーンでくり抜く。
3. 小鍋に白ごまみその材料を入れ、火にかけて練る。
4. かぶのくり抜いた部分に白ごまみそを入れ、切ったかぶの頭をフタにして器に盛る。

煮すぎないように

かぶは大根と違ってやわらかくなるのに時間がかからない。煮すぎると形が崩れてしまうので気をつけること。煮るのは数分程度で、竹串がスッと通るくらいが目安。

かぶら蒸し

冬につもる優しい淡雪のようにふっくら蒸し上げて、
だしのきいたあんをたっぷりかけていただく。

かぶらに包まれ蒸される野菜たち

材料 ｜ 2人分・1人95KCal

かぶ…中2個
しめじ…1/2個
エリンギ…1本
まいたけ…1/2個
ぎんなん…4個
ゆり根…2かけ
卵の白身…1個分
薄口しょう油…小さじ2
片栗粉…小さじ1（同量の水で溶く）
こぶだし…1カップ

つくり方

1．かぶはすりおろし、メレンゲ状に泡立てた卵の白身を入れてよく混ぜる。
2．きのこ類（しめじ、エリンギ、まいたけ）は一口大に切る。
3．②とゆり根、ぎんなんを少し深めの茶碗に入れる。
4．①を③にかけ、蒸し器で10～15分くらい蒸す。
5．こぶだしに薄口しょう油を入れて一煮立ちさせ、水溶き片栗粉でとろみをつけて蒸し上がった④にかける。

おもてなしにもいい

エリンギの代わりに松茸や生麩、ゆばなどをいれると、豪華なおもてなし料理に。茶碗蒸し用の器や蒸し器がない場合は、マグカップで電子レンジにかけてもよい。

きのこ和え

炒めたしめじのふくよかさをプラスして食感にアクセントを。
ほうれんそうの美味しさが引き立ちます。

材料 | 2人分・1人63KCal
ほうれんそう…1/2束
しめじ…1/2株
塩…適量
しょう油…大さじ1
サラダ油…小さじ2

つくり方

1. ほうれんそうは塩ゆでして2cm長さに切り、しめじはばらばらにほぐす。
2. フライパンにサラダ油を熱してしめじを炒め、全体に火が通ったらしょう油を加えて火を止める。
3. ほうれんそうとしめじを和えて、できあがり。

他のきのこでもつくれる

しめじだけではなく、まいたけやエリンギ、えのきを使えば、それぞれの風味が楽しめる。松茸を使うなら、網焼きにし、細くさいて和えれば、豊かな香り漂う和え物に。

ごま和え

ごまの香りとみその風味が懐かしい。
昔ながらの定番料理は、くりかえし食べたくなる安心感。

材料 ｜ 2人分・1人119KCal

ほうれんそう…1/2束
塩…適量
いりごま…大さじ3
砂糖…小さじ1
濃口しょう油…小さじ2
白みそ…大さじ1

つくり方

1. ほうれんそうは塩ゆでして3 cm長さに切る。
2. いりごまをすり鉢であたり、砂糖、濃口しょう油、白みそを加えさらにあたる。
3. ①と②を和えてできあがり。

ごまの種類はお好みで

レシピではいりごまを使用しているが、白ごま、黒ごまをフライパンで炒ってもよい。ごまはするほどに香りもよくなり、体内へ吸収もしやすくなる。一手間かけて健康に。

薄切りきんぴら

輪切りにすればあっという間にできあがり。
素材の味を楽しむために薄味で。

材料 ｜ ２人分・１人200KCal

れんこん…１節
赤とうがらし…1/2本
酒…大さじ２
みりん …大さじ１
濃口しょう油…大さじ２
ごま油 …小さじ１
サラダ油…大さじ1/2

つくり方

1．れんこんは縦半分に切って２mm厚さの輪切りにし、赤とうがらしは輪切りにする。
2．フライパンにサラダ油を熱し、れんこんを炒める。
3．色が変わったら酒とみりんを入れ、水気がなくなるまでさらに炒める。
4．濃口しょう油を入れ、味を調える。
5．香りづけにごま油をふり、赤とうがらしをちらす。

切り方を変える

れんこんを輪切りではなく、棒状に切ってつくれば、違う歯ごたえが楽しめる。また、ピリッと辛めが好きな人は、赤とうがらしを一緒に炒めると辛さが増す。

おろし揚げ

驚くほどに、ふわっと美味しい。
モチモチしたれんこんの食感が堪能できる。

材料 ｜ 2人分・1人193KCal

れんこん…1節
塩…適宜
揚げ油…適宜

つくり方

1. れんこんはたわしで汚れを落とし、皮のまますりおろしてザルで水を切る。
2. 鍋に油を中温に熱し、大きめのスプーンですくい、形を整えて油に入れる。
3. 表面がきつね色になって中に火が通るまで揚げる。塩でいただく。

れんこんの汁はソースにも

すりおろしたレンコンの余分な水分は、しょう油を加えて火にかければソースにもなる。れんこんの甘みがにじみでたソースをつけていただけば、より美味しく食べられる。

ふろふき - 赤みそ

真っ白な大根が見た目にも美しい。
大根の甘みを引き立てるみそがよく合って、体の芯から温まる。

材料 ｜ ２人分・１人204KCal

大根…1/2本
米…大さじ１
水…３～４カップ
赤みそ
　赤みそ…大さじ２
　みりん…大さじ２
　酒…大さじ２
　砂糖…大さじ２

つくり方

1. 大根は２cm厚さの輪切りにして面取りをし、片面に十字の切り込みを入れる。
2. 大きめの鍋に水と大根、米を入れて煮る。強火で煮上がらせたらとろ火にし、大根がやわらかくなるまでゆっくり煮る。
3. 小さい鍋に赤みその材料を入れて火にかけ、よく混ぜる。
4. 大根を皿に盛り付け、③を上にのせてできあがり。

米の研ぎ汁も使える

大根を煮るときに米を入れると、美しい白に煮上がる。米の代わりに米の研ぎ汁を使ってもよい。大根に味がついていないので、みそをたっぷり付けるのが美味しくなるコツ。

炒め煮

じんわりと染み出る煮汁がうれしい。
ゆっくり煮込んで、しっかり味を染み込ませて。

材料　|　２人分・１人490KCal

大根…1/2本
にんじん…１本
油アゲ…２枚
干ししいたけ…２枚
戻し湯…1/2カップ、砂糖大さじ１
酒…1/3カップ
水…３カップ
砂糖…大さじ１
濃口しょう油…1/2カップ
みりん…大さじ３
七味とうがらし…適量
サラダ油…大さじ２

つくり方

1. 大根、にんじんは大きめの乱切りにする。油アゲは２cm幅に切る。
2. 干ししいたけは戻し湯で戻しておく。
3. 鍋にサラダ油を熱し、①を炒め、表面の色が変わりかけたら酒、水を加える。
4. しいたけを戻し汁ごと③に加え、落としぶたをして中火で20分程煮る。
5. 砂糖、濃口しょう油を加え、味が染みるまでさらに10分程煮る。
6. 最後にみりんを加えて味を調え、器に盛って七味とうがらしを添える。

具を増やして味に深みを

早煮こんぶや里いもを入れて一緒に煮込んでも美味しい。こんぶを入れれば煮汁に深みが出る。
里いもを加える際は溶けてしまわないように、最後に入れて煮ること。

煮物

小松菜をくったりと煮て食べやすく。
油アゲのコクと甘みが加わって、飽きがこない。

材料 | 2人分・1人126KCal

小松菜…1/2株
油アゲ…1枚
酒…大さじ2
濃口しょう油…大さじ3
みりん…小さじ1
サラダ油 …大さじ1

つくり方

1. 小松菜は2 cm幅に切り、油アゲは1 cm幅に切る。
2. 鍋にサラダ油を熱し、①を炒める。
3. しんなりしてきたら酒を加え、やわらかくなるまで煮る。
4. 茎までやわらかくなったら濃口しょう油を加えて一煮立ちさせ、みりんを加えて味を調える。

青い葉なら何でも美味しい

小松菜以外にも、かぶの葉や大根の葉を使っても美味しい。大根の葉を使ってつくる場合は、細かく切って油で炒めてから煮ること。青臭さが抜け、こっくり美味しい煮物に仕上がる。

ごま和え

小松菜のさっぱりした苦みを楽しんで。
和え衣とよく混ぜていただくのが、美味しさの秘訣。

材料 ｜ 2人分・1人166KCal

小松菜…1/2株
塩…適量
いりごま…大さじ3
みりん…小さじ1
砂糖…大さじ1
しょう油…大さじ2

つくり方

1. 小松菜は2 cm幅に切り、塩ゆでする。
2. いりごまをすり鉢であたり、みりん、砂糖、しょう油を加え、さらにする。
3. 小松菜を②に入れ、和えたらできあがり。

油アゲを加えてボリュームアップ

油アゲを網で焼き、細く切って加えれば、食べ応えも十分。網で焼くことにより、油アゲの余分な油も落ち、小松菜と一緒に食べれば栄養価も高くなる。ダイエットにおすすめ。

薬膳餃子 - しそとしょうが

シャキシャキの白菜の歯ごたえだけで肉いらず。
しそとしょうがの風味でさっぱりいただく。

右がしょうが、左がしそ

材料 | 2人分・1人250KCal

ギョウザの皮…大20枚
白菜…1/4個
しそ…5枚
しょうが…ひとかけ
塩…大さじ1
片栗粉…大さじ2
サラダ油…適量

つくり方

1. 白菜はみじん切りにして塩もみをし、水気を切ってしばらく置く。
2. しそとしょうがもみじん切りにする。
3. 白菜を半分にわけて片方に大葉、もう片方にしょうがを混ぜ、片栗粉を大さじ1ずつ加えてさらに混ぜる。
4. ギョウザの皮で③を包み、形を整える。
5. フライパンに油をよく熱し、ギョウザを焼く。

パリパリギョウザの焼き方

油を多めにしき、強火で焼き色を付けたら水（大さじ2程度）を加え、ふたをする。水がなくなったら弱火にし、ごま油をふりかけると、こんがり香りよいギョウザが焼ける。

煮物

白菜の優しい甘みと口当たりに、油アゲの旨みが溶け合って、
心がほっとする素朴なおかず。

材料 ｜ ２人分・１人194KCal

白菜…３枚
油アゲ…１枚
サラダ油…大さじ１
酒…1/2カップ
薄口しょう油…大さじ１
七味とうがらし…適量

つくり方

1．白菜はよく洗い、３cm幅に切る。油アゲは1.5cm幅に切る。
2．鍋にサラダ油を熱し、①を炒め、全体に油が回ったら酒を入れる。
3．白菜の芯の部分がやわらかくなったら薄口しょう油を加え、軽く混ぜる。
4．器に盛り、七味とうがらしをふりかける。

芯までやわらかく

白菜は煮ると水が出るので、そのまま煮てもよいが、水気が足りなければ水と酒1/2カップを加えて煮る。芯の部分まで十分やわらかくして味を含ませ、美味しくいただく。

とろ煮

ちんげん菜の旨みがにじみ出たスープが美味しい。
厚アゲとの組み合わせも絶品。

材料 | 2人分・1人409KCal

ちんげん菜…4株
厚アゲ…1枚
水…1/2カップ
酒…1/2カップ
みりん…大さじ3
砂糖…小さじ1
濃口しょう油…大さじ3～4
サラダ油…大さじ2
片栗粉…小さじ2（同量の水で溶く）
ごま油…適量

つくり方

1. ちんげん菜は3cm幅に切り、厚アゲは一口大の三角形に切る。
2. 鍋に厚アゲを入れ、水、酒、みりんを加えて一煮立ちさせ、砂糖、濃口しょう油を加える。
3. フライパンにサラダ油を熱し、ちんげん菜を炒めて②に加え、水溶き片栗粉を入れる。
4. 全体的にとろみがついたら、香りづけにごま油をふる。

もっと中華風に

干ししいたけやきくらげを戻し、ちんげん菜と一緒に炒めて煮てもよい。しいたけの旨みがあんかけに加わり、風味がよくなる。きくらげが入れば見栄えも、より中華風に。

毎日のおかず

季節をとわず、
いつでもおいしいおかずってなんでしょう。
やっぱり日本の伝統食でした。
大地の恵み、海の恵みを召し上がれ。

胡麻豆腐

精進料理を簡単に。
ごまペーストを使うのが、おうちレシピのコツ。

材料 ｜ 2人分・1人475KCal

白ごまペースト…100 g
本葛…100 g
水…2 1/2カップ

つくり方

1. 鍋に水、練った白ごまペースト、葛をザルでこしながら入れ、中火にかける。
2. 鍋の底に葛が固まりやすいので、木べらなどでよくかき混ぜる。
3. 固まりかけてきたら弱火にし、なめらかになるまで混ぜて、鍋の底が見えるようになったらさらに10分程よく練る。
4. ③を水にぬらした型に流し込み、固める。
5. わさびじょう油やしょうがじょう油でいただく。

くるみやピーナッツでも

材料：葛：水＝1：1：5。この割合を覚えれば、いろんな豆腐が作れる。ごまの代わりに、くるみやピーナッツをペースト状にしたものを使ってもよい。

飛龍頭《ひりょうず》

一品でおかずの主役になれる豆腐料理の定番。
手づくりすれば、あつあつの揚げたてを食べられる。

こんな感じで豆腐はつぶす

材料 ｜ ２人分・１人300KCal

木綿豆腐…２丁
ぎんなん…８個
ゆり根…４片
きくらげ…３個
にんじん…10ｇ
山いも…30ｇ
卵の白身…１個分
片栗粉…小さじ２
塩…適宜
揚げ油…適量

つくり方

1. ぎんなんは殻を取ってゆで、皮をむく。ゆり根は４片をはずしよく洗い、きくらげは石づきを取って水で戻し、細いせん切りにする。にんじんもせん切りにする。
2. 山いもは皮をむき、おろす。
3. すり鉢に水切りした豆腐、よく泡立てた卵の白身、片栗粉、おろした山いもを入れて混ぜ、①を加えさらに混ぜる。
4. ６等分にして丸め、中温に熱した油で、きつね色になるまで揚げる。
5. 器に盛って塩をつけていただく。

破裂させずに、ふんわり揚げるコツ

豆腐の水切りをしっかりすると、揚げたときに崩れない。丸めるときは、手に油を少し塗ると丸めやすい。キャッチボールの要領でタネの空気抜きをするとふんわり揚がる。

田楽 - 白ごまみそと黒ごまみそ

あまった豆腐がごちそうに。
田楽みそをのせて楽しむだけの簡単レシピ。

材料 | 2人分・1人436KCal

木綿豆腐…1丁
片栗粉…少々
白みそ…大さじ2
赤みそ…大さじ2
合わせみそ（各みそに必要）
　すり白ごま…大さじ2×2
　砂糖…大さじ1×2
　酒…大さじ2×2
　みりん…大さじ1×2
サラダ油…大さじ1

つくり方

1．豆腐はよく水を切り、食べやすい大きさに切って片栗粉をまぶす。
2．白みそと赤みそをつくる。合わせみそに白みそ、赤みそをそれぞれ加える。木べらでかき混ぜながら一煮立ちさせる。
3．フライパンにサラダ油を熱し、豆腐を焼いて両面に焼き色をつける。
4．焼いた豆腐にみそをのせてできあがり。

季節によってみそを変えて

季節によって、ゆずみそや木の芽みそをのせて食べても美味しい（70ページにつくり方あり）。白みそも赤みそも多めにつくっておくと保存もできて便利。

揚げ出し

淡白な豆腐も、揚げれば違った美味しさに。
あんのとろみと衣のサックリ感を。

材料 | 2人分・1人163KCal
木綿豆腐…1丁
こぶだし…1カップ
薄口しょう油…小さじ2
片栗粉…小さじ1（同量の水で溶く）
揚げ油…適量
三つ葉（飾り用）…2枚

つくり方

1．豆腐はよく水切りし、6等分に切って片栗粉（分量外）をまぶす。
2．鍋に油を中温に熱し、表面がきつね色になるまで揚げる。
3．こぶだし、薄口しょう油を火にかけ、水溶き片栗粉でとろみをつけてあんをつくる。
4．器にあんを入れ、豆腐を盛ってできあがり。

お塩を添えてさっぱりと

寒い季節には、とろみのついただしでいただくと体も温まる。でも、塩だけをつけて食べると、さくっとした衣も楽しめます。

田楽 - ゆずみそと木の芽みそ

ヘルシーで食べ応えも十分。
みそさえあれば、こんにゃくをさっとゆがくだけ。

材料 ｜ 2人分・1人130KCal

こんにゃく…1枚
田楽みそ
　白みそ…大さじ4
　酒…大さじ4
　みりん…大さじ1
ゆずの皮…少々
さんしょうの葉…少々

つくり方

1．こんにゃくは食べやすい大きさに切ってゆがく。
2．ゆずの皮、さんしょうの葉はみじん切りにする。
3．田楽みそを作る。鍋に材料を入れ火にかけ、混ぜながら一煮立ちさせる。
4．③の田楽みそを半分に分け、一方にゆずの皮を混ぜゆずみそにし、もう一方にさんしょうの葉を混ぜ木の芽みそにする。
5．こんにゃくにみそをのせてできあがり。

いろいろなみそで楽しむ

68ページの豆腐田楽のみそや、ふろふきのみそ（52、58ページ）のほか、くだいたくるみを加えたくるみみそも美味。

ピリから煮

ごま油の香りと、とうがらしの辛みが美味しく絡む。
コロッとしたこんにゃくも可愛い。

材料 ｜ 2人分・1人114KCal

こんにゃく…1枚
干ししいたけ…1個
濃口しょう油…大さじ2
酒…大さじ2
みりん…大さじ1
戻し湯…1/2カップ、砂糖小さじ1
サラダ油…大さじ1/2
ごま油…小さじ1
赤とうがらし…1/2本

つくり方

1. こんにゃくはすりこぎで数回たたき、箸で数カ所穴ををあけて適当な大きさにちぎる。
2. 干ししいたけは戻し湯で10分程戻して細切り、赤とうがらしは細い輪切りにする。
3. 鍋に湯を沸かし、こんにゃくをゆがいてザルに上げる。
4. 鍋にサラダ油を熱してこんにゃくを炒め、表面がチリチリになったらしいたけを戻し汁ごと入れ、酒、みりん、濃口しょう油を加え、水気がなくなるまで煮る。
5. 赤とうがらしとごま油をふってできあがり。

味を染み込ませるために

こんにゃくは、なかなか味が染みこまない素材。味を染み込ませるためには、穴をあけるか表面に切り目を入れてゆでる。煮物にこんにゃくを使う場合は、忘れずに。

さっぱりサラダ

野菜とひじきがいっぱい食べられるヘルシーサラダ。
たくさん食べても低カロリー。

材料 ｜ 2人分・1人59KCal

乾燥ひじき…10 g
きゅうり…1本
もやし…1/2袋
塩…小さじ1
ごま油…大さじ1/2
薄口しょう油…大さじ1/2
酢…小さじ1

つくり方

1. 乾燥ひじきは水で戻し、きゅうりはせん切りにして塩をまぶしておいておく。
2. フライパンにごま油を熱し、洗って根をとったもやしを炒める。
3. ひじき、きゅうり、もやしを混ぜ合わせ、薄口しょう油、酢を加えて和える。

市販のドレッシングでもよい

市販のごまドレッシングや、和風ドレッシングをかけても美味しく食べられる。また、わかめを入れればミネラルが豊富に。レタスを入れるとさわやかな食感に。

五目煮

ミネラルと鉄分たっぷりの定番の副菜。
たくさん食べて、体の中から美しく。

材料 ｜ 2人分・1人245KCal

乾燥ひじき…30 g
にんじん…100 g
油アゲ…1枚
砂糖…小さじ2
濃口しょう油…大さじ3
酒…1/2カップ
水…1/2カップ
みりん…大さじ2
ごま油…小さじ1

つくり方

1. 乾燥ひじきは水で戻し、にんじんはせん切りにし、油アゲは1 cm幅に切る。
2. 鍋に水と酒を入れて火にかけ、にんじん、油アゲを入れて砂糖を加え、やわらかくなるまで煮る。
3. 戻したひじきを入れ、濃口しょう油とみりんを加えて一煮立ちさせる。
4. ごま油をふりかけて火を止め、できあがり。

ちょっと物足りなかったら

大豆を加えるとボリュームアップする。缶詰でもかまわない。生の大豆を加える場合、一晩水に漬けて戻したものを加えて一緒に煮る。

山椒油サラダ

さんしょう油の香味で、
たっぷりのにんじんもあっという間に食べてしまう。

材料 ｜ ２人分・１人199KCal

にんじん…中２本
長ねぎ…10cm
塩…小さじ２
山椒の実…５粒
とうがらし…½本
サラダ油…大さじ２
ごま油…小さじ１

つくり方

1. にんじんは皮をむき、なるべく細いせん切りにし（せん切りスライサーを使ってもよい）、長ねぎはみじん切りにして、にんじんに和える。
2. にんじんをボウルに入れ、塩で軽くもむ。
3. さんしょう油をつくる。フライパンにサラダ油とさんしょうの実、とうがらしを入れて、煙が出るくらいに熱する。
4. にんじんにさんしょう油を熱いうちにかけ、ごま油をふってよく混ぜる。

食べ方はお好みで

つくりたてはシャキシャキ感が楽しめるが、一晩おいてもさんしょう油がにんじんに染みわたりしっとりと味わい深くなる。時間がたっても色が変わらないので翌日にも。

煮物

切って煮るだけの簡単常備食。
素朴でシンプルな味は、何回食べても飽きがこない。

材料 ｜ 2人分・1人212KCal
にんじん…大1本
油アゲ…2枚
水…100ml
砂糖…大さじ3
濃口しょう油…大さじ3

つくり方

1. にんじん、油アゲは、5mm幅のせん切りにする。
2. 鍋に①を入れ、ひたひたの水と砂糖を加え、にんじんがやわらかくなるまで煮る。
3. にんじんがやわらかくなったら、濃口しょう油を加えて味を調える。

炊きこみご飯の具材にも使える

濃い目に味をつけて、ご飯と炊けば炊きこみご飯にも。れんこんやかんぴょうを一緒に煮て、酢飯に混ぜても合う。冷めても美味しく食べられるので、お弁当のおかずにも使える。

揚げ煮

表面はカリッ、中はホクホク。
甘いたれがじゃがいもに絡み、思わず頬が緩んでしまう。

材料 ｜ ２人分・１人222KCal

じゃがいも…２個
合わせ調味料
　砂糖…大さじ１
　濃口しょう油…大さじ１
　酒…100ml
　水…100ml
揚げ油…適量

つくり方

１．じゃがいもは皮のままよく洗い、一口大に切る。
２．ふきんでしっかりじゃがいもの水気を取り、中温の油で少し色が変わるぐらいに素揚げする。
３．鍋に合わせ調味料の材料と、素揚げしたじゃがいもを入れ、やわらかくなるまで煮る。

新じゃがを使うと見た目も可愛く

春先に出る新じゃがでつくれば、水分の多い新じゃがならではの味が楽しめる。切らずにそのまま煮るので、ころころしていて見た目も可愛い。皮はよく洗うこと。

コロッケ

パセリの苦みとコーンの甘みが
絶妙なハーモニーを奏でる、大満足の一品。

材料 ｜ ２人分・１人494KCal

じゃがいも…中３個
玉ねぎ…半分
コーン（缶詰）…大さじ２
パセリ…２束
塩…小さじ１
ころも
　小麦粉…適量
　パン粉…適量
揚げ油…適量

つくり方

1. 玉ねぎ、パセリを大きめのみじん切りにする。
2. フライパンに大さじ２（分量外）の油を加えて熱し、玉ねぎ、コーンを炒め、塩を加える。
3. じゃがいもは、よく水洗いして竹串がささるくらいにゆで、皮をむいてつぶす。
4. じゃがいもが熱いうちに②とパセリを混ぜ合わせ、好きな形にまとめる。
5. 小麦粉、パン粉の順番につけ、高温の油で揚げる。

おいしい揚げ方

コロッケを揚げるときは、油の温度は高めに。具材はすでに火が通っているので、表面をカリッと揚げるつもりで。温度が低いと、揚げている最中にくずれてしまうので注意。

五目煮

色々な歯触りが楽しめる五目煮。
素材の旨みを引き立たせるため、薄味で煮るのがコツ。

材料 ｜ 2人分・1人177KCal

大豆（水煮）…1/2カップ
にんじん…1/2本
ごぼう… 1/3本
れんこん…1/2節（100 g）
こんにゃく…1/2枚
こんぶ…10 g
水…3カップ
酒…大さじ2
砂糖…大さじ1/2
濃口しょう油…大さじ1 1/2
ごま油…小さじ1

つくり方

1. 大豆はザルに上げ水を切る。にんじん、ごぼうはさいの目切りにし、れんこんは3 mm厚さの小口切りにする。
2. こんにゃくは湯通しして細かくちぎり、こんぶは2 cm角に切る。
3. 鍋に①と②、水を入れ、とろ火で30分ぐらい煮る。
4. 具材がやわらかくなったら酒、砂糖、濃口しょう油を加えて味を調え、最後にごま油をふる。

一味足りなかったら

薄味で煮るのがよいが、物足りないようであれば、濃口しょう油大さじ1を足す。あまりしょう油を入れると大豆がかたくなってしまうので注意。また、煮直すことで味は濃くなる。

季節のご飯

炊き立てのご飯はとても美味しい。
でも、季節の香りや彩りを混ぜ込んだご飯も美味しい。
ご飯が違うと、今日は特別な日のような気がします。

※ご飯は２合炊きのレシピですが、カロリーは茶碗１膳分を目安としています。

菜の花ご飯

菜の花を混ぜ込んで、春の香りを伝える。
ほろ苦さが魅力、おとなの混ぜご飯。

材料 ｜ ２人分・１膳301KCal

菜の花…1/2束
塩…小さじ１
米…２合

つくり方

1．菜の花は葉と花だけを取り、葉は３㎝幅にちぎって塩を入れた熱湯でかためにゆでる。
2．ザルに上げ、水気をよくしぼる。

食べ方

・炊きたてのご飯に、ゆでた菜の花を混ぜていただく。

残った茎は辛子和えに

菜の花はご飯と一緒に炊くと色が変わってしまう。食べる直前に混ぜるのがポイント。ご飯に混ぜるにはやわらかい花と葉だけを使い、茎は辛子和え（10ページ）に。

たけのこご飯

たけのこの旨みが嬉しい。
こぶだしをきかせ、油アゲのコクを加えるのが美味しさの秘訣。

材料 ｜ ２人分・１膳373KCal

たけのこ…100 g
油アゲ…１枚
こぶだし…２カップ
濃口しょう油…小さじ１
酒…1/4カップ
米…２合

つくり方

1. たけのこは下ゆでし、一口大に切る。油アゲは１ cm幅に切る。
2. 鍋にたけのこと油アゲを入れ、こぶだし、濃口しょう油、酒を加え一煮立ちさせる。
3. 炊飯器に研いだ米と②の煮汁を入れ、水が足りないようなら、酒（分量外）で加減し、最後に具を入れて米を炊く。

ザルでこせば入れやすい

炊き込みご飯を作るとき煮汁も一緒に入れるが、具を煮た鍋からザルに移すとき、炊飯器を下においてやれば簡単に煮汁を炊飯器に入れ、具と煮汁を分けることができる。

みょうがめし

酢に漬けると薄い紅色に変化し、見た目も鮮やか。
爽やかな香りにご飯が進む。

酢につけた瞬間、
薄紅色に変わる

材料 ｜ ２人分・１膳 302KCal

みょうが…２個
甘酢
　米酢…大さじ３
　砂糖…大さじ１½
　塩…ひとつまみ
　米…２合

つくり方

1．沸騰させた湯に、みょうがを 10 秒ぐらい軽くゆでる。
2．甘酢をつくり、みょうがを一晩赤くなるまで漬ける。

食べ方

・漬けたみょうがを細かく刻み、炊き上がったご飯に混ぜ合わせる。

漬けたみょうがは保存して

漬けたみょうがは密閉容器に入れておけば、２週間ぐらい冷蔵庫で保存もできる。焼き魚の付け合わせや、箸休め、刻んで酢の物に入れたり、寿司のタネにしてもよい。

しょうがめし

食が進むしょうがが、たっぷり入ったさっぱりご飯。
せん切りしょうがの風味が豊か。

材料 | 2人分・1膳289KCal

しょうが…30 g
水…2合分（360ml）
酒…大さじ1
米…2合

つくり方

1. 皮をむいたしょうがを3等分して1つをすりおろし、もう1つをせん切りにする。
2. 米を炊くときに、2合分の水と酒、①のしょうがを混ぜる。
3. 3等分した最後の1つもせん切りにし、炊けたご飯に混ぜ合わせる。

しょうがの辛みは最後に

しょうが特有の辛み成分、ジンゲロンは時間が経つと効能が薄れてきてしまうため、食べる直前に混ぜるのがポイント。ご飯に混ぜたらそれだけで、おかずのいらない美味しさに。

栗ご飯

白米ともち米を混ぜてあるから、もっちりおいしい。
ほくほくの栗に笑顔が広がる。

材料 ｜ ２人分・１膳295KCal

生栗…５個
ごま塩…適量
米…１合
もち米…１合

つくり方

1. 米ともち米は一緒にとぐ。
2. 栗は皮をむき、４つに切ってゆでる。皮をむくときはかたいので手を切らないように。
3. 栗がゆで上がったらザルに上げ、十分に湯を切ってから①に入れ、大さじ１杯分水を減らして一緒に炊く。
4. 食べるときに、ごま塩をかけていただく。

ゆでてある栗を使っても

栗の皮をむくのが面倒ならゆでてある栗を使うと便利。むき栗のほか、甘露煮を使っても。蜜を切って一度水洗いし、４つ切りにして入れれば、ほんのり甘く優しい味に。

きのこご飯

秋といえばやっぱりきのこ。
しめじの味が染み出た煮汁がご飯いっぱいに広がる。

材料 ｜ ２人分・１膳359KCal

しめじ…１パック
油アゲ…１枚
こぶだし…360ml
濃口しょう油…大さじ1/2
酒…大さじ１
米…２合

つくり方

1. しめじは２cm大に切り、油アゲは千切りにする。
2. 鍋にしめじと油アゲを入れてこぶだし、濃口しょう油、酒を加え、一煮立ちさせる。
3. 炊飯器に研いだ米と②の煮汁を入れ、水加減が足りないようなら酒（分量外）で調整し、最後に具を入れて炊く。

お酒を入れてふっくらと

炊き込みご飯をつくるときに、水加減が足りない場合は酒で分量を調整するとふっくら炊ける。煮汁の分量が少なくてかたくなりそうなら、お酒を加えれば解決する。

菜《な》めし

風味がよく、彩りもきれい。
大根の葉の香りが引き立って、食欲がそそられる。

材料 ｜ 2人分・1人295KCal

大根の葉…1本分
塩…大さじ1
ごま…少々
米…2合

つくり方

1．大根の葉はやわらかそうなところだけをちぎり、水でよく洗ってみじん切りにする。
2．ビニール袋に入れ、塩を加えて軽くもむ。
3．水が出てきたらざるに上げ、よく水を切る。

食べ方

・炊けたご飯に、塩漬けした大根の葉スプーン1杯とごまをふり入れ、混ぜていただく。

こんな葉も使える

三つ葉、春ならよめ菜を使っても美味しく食べられる。よめ菜を使う場合は、切る前にさっと塩ゆでを。塩漬けにして、密閉容器に入れておけば、2～3週間保存できる。

いも粥

自然の甘みたっぷりのホクホク感。
朝にも夜食にも食べたくなる。

材料 ｜ 2人分・1人238KCal

さつまいも…1/2本
水…4カップ
塩…小さじ1
米…1/2合

つくり方

1. さつまいもは洗い、1 cmのさいの目切りにしてさっと塩ゆでする。
2. 米を研ぎ、水と米を鍋に入れて強火で10分煮る。
3. 煮上がったらさつまいもを加え、とろ火で20分煮て火を止め、さらに10分程蒸らす。

好みによって調節を

さつまいもの量が多いほど甘みが増すので、甘いのが好きな人は、レシピより多めに入れること。
皮はむいてもよいが、ついたまま入れたほうが彩りが綺麗で栄養価も高い。

奈良茶飯

昔から伝わる僧食を、自宅で味わえる。
お茶の味がじわっと広がる、体に優しい自然食。

材料 ｜ 2人分・1膳299KCal

ほうじ茶…大さじ1
緑茶…大さじ1/2
大豆…大さじ1
塩…ひとつまみ
米…2合

つくり方

1. ほうじ茶と緑茶を急須に入れ、1合分のお湯でお茶をつくって冷ましておく。
2. 大豆はとろ火で焦がさないよう、ゆっくりとフライパンで炒る。
3. 炒った大豆を縁のある盆に入れ、升の底でこするようにして二つに割り、皮をはがして実を取る。
4. 釜にといだ米と①のお茶、さらに1合と大さじ1杯（豆の分量）分の水を加える。
5. 米に大豆と塩を加え、ご飯を炊く。

古くなったお茶も使える

番茶や古くなり香りや色が変わってしまったお茶も使える。古くなったお茶は、フライパンで乾煎りすると香りが立ち、香ばしくなる。茶こしを使って、クズを入れないように。

にんじんご飯

にんじんの甘みともっちりしたお米がとても合う。
油アゲも入ってお腹も満足。

材料 | 2人分・1膳374KCal

にんじん…1本
油アゲ…1枚
こぶだし…360ml
濃口しょう油…大さじ1/2
酒…大さじ2
みりん…小さじ1
米…2合

つくり方

1. にんじんはささがきにし、油アゲは2cm幅の細切りにする。
2. 鍋にこぶだしとにんじん、油アゲを入れて火にかけ、にんじんがしんなりしたら酒、濃口しょう油、みりんを加えて一煮立ちさせる。
3. 炊飯器に研いだ米と②の煮汁を入れ、水加減が足りないようなら酒（分量外）で調整し、最後に具を入れて米を炊く。
4. 米が炊き上がったら10分程蒸らしてから、よくご飯と混ぜ合わせる。

炊飯器によって違う

ガスでご飯を炊く場合は、炊き上がったら10分程蒸らす。電気炊飯器の場合は、蒸らし過ぎるとご飯がやわらかくなってしまうので、炊けたらすぐに混ぜ合わせる。

いなり -ゆず風味

甘辛くしっかり味のついた油アゲと、ゆずの入ったさわやかな酢飯。
つい、もう一つ手が出てしまう。

材料 | 2人分・1人480KCal

ゆずの皮…1/2個分
油アゲ…5枚
砂糖…大さじ1 1/2
酒…大さじ2
濃口しょう油…大さじ2
みりん…大さじ2
ゆずのしぼり汁…1/2個分
米…2合

つくり方

1. 米を炊いて酢飯をつくり、細かく切ったゆずの皮とゆずのしぼり汁を混ぜる。
2. 油アゲは半分に切って穴をあけないよう袋状に開く。
3. 鍋にひたひたの水（分量外）と油揚げを入れ、砂糖、酒を加えて落としぶたをし中火で3～5分煮る。
4. 煮上がったら、濃口しょう油、みりんを加え、汁気がなくなるまで弱火で煮詰める。
5. 酢飯を④に詰め、できあがり。

酢飯のつくり方

米2合に対し、酢大さじ1、砂糖大さじ1、塩小さじ1/2を一煮立ちさせ、冷ます。ご飯に混ぜるときにゆずのしぼり汁も一緒に入れる。塩は酢の味が出るので、入れ忘れないように。

季節の汁もの

みそ汁、おつゆ、スープ。
素材の旨みがじんわり、
すべて優しく染みだした味は本当に美味しい。
シンプルな味付けで素材の味を楽しんで。

さやけんちん

薄く透き通ったスープに、絹さやの緑と豆腐の白が映えて、
春にぴったりの汁物。

材料 ｜ 2人分・1人152KCal

絹さや…70 g
木綿豆腐…1/3丁
薄口しょう油…大さじ1
こぶだし…2カップ
サラダ油…大さじ1/2

つくり方

1. 絹さやはすじを取り、大きめのものは斜め半分に切って洗い、水気をよく拭き取る。
2. 鍋に油を熱して絹さやを炒め、鮮やかな色になったらこぶだしを注ぎいれ、薄口しょう油で味を調える。
3. 豆腐を手でほぐしながら加え、一煮立ちさせたらできあがり。

炒めてから煮る

絹さやはそのまま煮ると茶色く変色してしまうので、油で炒めてから煮ること。あまってしまった場合、煮直すと絹さやの彩りがなくなってしまうが、味の深みは増す。

菜けんちん

シンプルな材料と、味付けはしょう油だけ。
簡単にできるのに、深い味わいが魅力。

材料 | 2人分・1人199KCal

小松菜…1/3株
木綿豆腐…1/3丁
しいたけ…1個
薄口しょう油…大さじ1
こぶだし…2カップ
サラダ油…大さじ1/2

つくり方

1. 小松菜は1本ずつよく洗い、水を切って2cm幅に切る。
2. 鍋に油を熱し、小松菜としいたけを入れて炒める。
3. 葉がしんなりしたらこぶだしを加え、薄口しょう油で味を調える。
4. 豆腐を手でほぐしながら加え、一煮立ちさせたらできあがり。

あまりものを使って

小松菜が全部使いきれないときや、葉があまって困ったときは汁物にするとよい。かぶの葉でつくっても美味しい。ゆずの皮のせん切りを入れるとさっぱりとした味わいに。

ミネストローネ

野菜たっぷりでとってもヘルシー。
バランスがいいので、パンで朝食、ご飯で夜食に。

材料 | 2人分・1人219KCal

トマト…（完熟）1個
かぶ…中1個
玉ねぎ…1/2個
しめじ…1/4株
ズッキーニ…1/2本
大豆（水煮）…大さじ1
マカロニ…10本位
こぶだし…3カップ
塩…小さじ1
こぶ茶…適量

つくり方

1. トマトは湯むきして種をとり除き、一口大に切る。
2. かぶは大きかったら半分に切り、玉ねぎは、くし形切りにする。ズッキーニは水で洗い、一口大に切る。
3. 鍋にこぶだしと①、②、マカロニ、大豆を入れ、やわらかくなるまで煮る。
4. 塩で味を調える。好みでこぶ茶少々を入れてもよい。

大きめに切る

野菜は煮くずれないよう、全部大きめに切ること。かぶは小さいようだったら、そのまま入れてもよい。ゴロゴロした大きな野菜は、見た目も楽しいし、食べ応えも満点。

まるごとスープ

塩と水だけなのに、コクがあってとってもまろやか。
とうもろこしの甘みが生きる。

材料 ｜ 2人分・1人230KCal
とうもろこし…2本
塩…小さじ1/2
水…4カップ

つくり方

1. とうもろこしは包丁で削るようにして実を取る。
2. 鍋にとうもろこしの実と水を入れてやわらかくなるまでゆで、あら熱を取る。
3. あら熱が取れたら、ゆで汁ごとミキサーにかける。
4. ③をザルに上げ、おたまの底で潰すようにこしながら、鍋にあける。ザルに残った皮は捨てる。
5. 鍋を火にかけて水（分量外）で濃さを調整し、塩を入れて味を調える。

缶詰でもつくれる

生のとうもろこしが手に入らない時期は、缶詰（ホール）で代用を。新鮮でないものや、甘みが少ないものなどは、牛乳やコンソメで味を調整すれば美味しく食べられる。

きのこ汁

どっさりきのこの旨みが凝縮された汁をぐいっと。
いつものみそ汁が数段美味しく。

材料 ｜ ２人分・１人210KCal

きのこ
　しめじ…1/2株
　まいたけ…1/2株
　えのき…1/2株
白菜…２枚
木綿豆腐…1/2丁
こぶだし…２カップ
みそ…大さじ２
サラダ油…適宜
みりん…大さじ1/2

つくり方

1．きのこ類は石づきを落とし食べやすい大きさに切る。白菜は３cm幅に切る。
2．鍋にサラダ油を熱し、きのこ類を軽く炒めてこぶだしを加え、白菜を入れる。
3．みそを溶いて味つけし、豆腐を手でくずして入れて一煮立ちさせ、みりんを加えてできあがり。

薬味を使ってアクセントを

辛いのが好きな人は七味とうがらしや細く切った長ねぎ、すりおろしたしょうがなどを少々入れて味にアクセントを。酒粕（10cm四方）を溶かして入れると温まる。

どびん蒸し

ふたを取れば、濃厚な松茸の香りが漂う。
季節感あふれる、松茸料理の代表。

どびんはこのようにセットする

材料 ｜ ２人分・１人94KCal

松茸…中１本
ぎんなん…６個
生麩…30 g
ゆり根…４かけ
すだち…１個
こぶだし…１カップ
薄口しょう油…小さじ１

つくり方

1．松茸は石づきを落としてふきんでまわりを軽くふき、縦にさく。
2．生麩は２ cm の拍子切りにして油で揚げる。
3．ゆり根はきれいに洗う。ぎんなんは殻を割り塩ゆでし、薄皮をむく。
4．こぶだしに薄口しょう油を入れ、だし汁をつくる。
5．①、②、③をどびんに入れ、だし汁を加えて火にかける。
6．ふつふつと沸いてきたら火を止め、半分に切ったすだちを添える。

どびんのこと

どびんを火にかけるときは、直接火にかけずに下に網を敷くのがポイント。また、どびんがなければマグカップに入れ電子レンジで温めてもよい。アツアツをいただくのが美味しい。

ポトフ

ゴロンと切った大きめの野菜をゆっくり煮込めば、
素材の美味しさが鍋いっぱいに広がる。

材料 ｜ 2人分・1人343KCal

大豆…10粒
じゃがいも…大1個
セロリ…1本
かぶ…大1個
玉ねぎ…小1個
にんじん…1/2本
しいたけ
（マッシュルームでもよい）…4個
塩…適量
コショウ…適量
こぶだし…500ml

つくり方

1. 大豆は、一晩水に浸しておく。
2. じゃがいも、セロリ、かぶ、玉ねぎ、にんじんはそれぞれ皮をむいて大きめに切り、しいたけは石づきを取り、一口大に切る。
3. 鍋にじゃがいも、セロリ、にんじん、しいたけ、こぶだしを入れ、とろ火で10分煮る。
4. やわらかくなったら玉ねぎ、かぶ、大豆を加えさらに煮て、塩、コショウで味を調える。

翌日はさらに味わい豊か

温野菜をたくさん食べられるので、多めにつくって翌日食べるのもよい。煮込むほど、旨みが広がって美味しくなる。大豆はなくてもいいが、入れることによって食べ応えがグンと増す。

かぶけんちん

甘いかぶの味としいたけの風味にほっと一息。
寒い朝に元気をもらえる一杯です。

材料 ｜ 2人分・1人203KCal

かぶ…中2個
干ししいたけ…中1枚
戻し湯…1/2カップ、砂糖小さじ1
薄口しょう油…大さじ1
こぶだし…3カップ
サラダ油…大さじ1

つくり方

1. かぶはよく洗って一口大に切り、葉も2cm幅に切る。
2. 干ししいたけは戻し湯で戻し、せん切りにしておく。戻し汁は取っておく。
3. 鍋に油を熱してかぶとしいたけを炒める。
4. 具がしんなりしてきたらこぶだしと、しいたけの戻し汁を加えて一煮立ちさせ、しょう油で味を調える。

具だくさんにしたいときは

豆腐を入れると、ボリュームも一気にアップする。豆腐は手でほぐして入れるのがポイント。また、ごま油を一滴入れるだけでも、香りにコクが増して美味しくなる。

けんちん汁

野菜たっぷり、おなじみの汁物。
野菜からあふれ出てきた旨みを、残さずどうぞ。

材料 ｜ ２人分・１人168KCal

大根…100 g
にんじん…1/2本
ごぼう…1/4本
里いも…小２個
こぶだし…２カップ
薄口しょう油…小さじ２
サラダ油…小さじ１

つくり方

1. 大根、にんじんは２mm厚さの小口切りにする。ごぼうはささがきにし、水につけてアクをぬく。
2. 里いもは皮をむき、小口切りにする。
3. 鍋にサラダ油を熱し、①を入れて大根がすきとおるぐらいまで炒める。
4. 大根の色が変わったら、こぶだしを加えてアクを取り、薄口しょう油で味を調える。
5. 最後に里いもを加え、さっと煮る。

米のとぎ汁を使うとごぼうが真っ白に

ごぼうのアクぬきは、米のとぎ汁を使うと、さっとさらす程度でできる。また、色も真っ白になるので便利。さらしすぎると、ごぼうの旨みも抜けてしまうので気を付けて。

ゆばの吸い物

薄味のだし汁が生ゆばの風味を生かした、
はんなり上品なお吸い物。

材料　|　2人分・1人161KCal

生ゆば…2枚（3 cm × 5 cmのもの）
揚げ油…適量
こぶだし…1 1/2カップ
薄口しょう油…小さじ1
三つ葉…適量
ゆず…適量

つくり方

1. 生ゆばは、形を整えてさっと中温の油で揚げる。
2. 揚げたゆばをキッチンペーパーでしっかり油を切り、椀に入れる。
3. こぶだしを温め、薄口しょう油で味を調えてから椀に注ぎ、三つ葉とゆずを添える。

乾燥ゆばの戻し方

乾燥ゆばを使う場合は、しばらく水につけてやわらかく戻し、ふきんで水を切って油で揚げる。水をよく切らないと油がはねるので注意。あまったゆばは、密閉容器に入れて冷凍保存を。

油アゲ

みそ汁

ほっこりした里いもと大根の甘みがにじみ出て、
ほっと一息つける優しい味。

材料 | 2人分・1人164KCal

大根…50 g
油アゲ…1/2枚
里いも…1個
こぶだし…2カップ
みそ…大さじ2

つくり方

1. 大根は細めのせん切りにし、油アゲも同じように切る。里いもは5 mm厚さに切る。
2. 鍋にこぶだしを入れ、大根と油アゲを煮る。
3. 大根がやわらかくなったら里いもを入れ、みそで味を調える。

里いもは最後に

里いもはすぐ火が通るので、後から入れても大丈夫。特有のぬめりが好きな人は、ゆがかずそのまま入れてもよい。少しだけ火にかけ、つるりとした食感を楽しんで。

精進という考え

「肉や魚を使わない」のが精進料理ではないのです。
食への「思いやり」と「感謝」、
そして殺生をしない、
つまり、「無駄にしない」ということだと思います。

味の基本、だしのこと

こぶだし

精進料理の基本は、昆布のだしです。大きめの鍋に水と乾燥昆布を入れて一晩おき、次の日の朝火にかけて煮立たせます。煮立たせたら昆布を取り、さらに煮るとアクが出るので、アクはすくって使います。

だしを取った昆布は小さく切って佃煮にしたり、煮物に一緒に入れたりしていただきます。あまっただしは、冷蔵保存すれば、１日、２日はもつので、多めにつくりおきしてもかまいません。

乾燥昆布は湿気に弱いので、使い切れなかったら密閉して冷蔵庫で保存します。また、だしを取った昆布も使い切れなかったら冷凍して保存します。料理に入れれば味わい深くなりますので、捨てないように。

だしは味の決め手になるので、なるべくよいものを使うようにしています。私は、少々値がはりますが、羅臼産がよいと思います。

■ こぶだしのとり方 1

水２ℓに対して、乾燥昆布20cm四方が目安。10cm長さに切り、さらに細かい切り目を入れると、よくだしが出る。ちょっとしたひと手間が料理を美味しくする。

■ こぶだしのとり方 2

鍋に水と乾燥昆布を入れ、一晩つける。煮立たせてから昆布を取り出す。再度火にかけて出たアクをすくう。

椎茸だし

椎茸のだしも使います。香りが強いので、椎茸だしだけを使うことはあまりありません。旨みや香りを出したいときに、戻し椎茸とその戻し汁をだしとして料理に使うのがよいでしょう。

あっさりしたこぶだしに、椎茸だしを加えると、ぐっと味に深みとこくを出すことができ、煮物などに便利。また、こぶと椎茸を一緒に煮出しても美味しいです。

戻すときは鍋に入れる前にさっと水洗いをし、こぶだしと同じように、一晩水につけて煮たたせます。

急ぐときはぬるま湯にひとつまみ程度の砂糖を入れれば早く戻ります。戻した後は、刻んで酒やしょう油で味付けして佃煮にしたり、煮物にも合います。

■ 椎茸の簡単な戻し方

お湯１カップに対して乾燥椎茸３個、砂糖小さじ１を入れると、すばやく戻すことができる。または、同量の水、乾燥椎茸、砂糖小さじ１を電子レンジにかけても早く戻せる。

素材を活かす、味付けのこと

その都度、加減する大切さ

精進料理といえば、肉や魚などの「なまぐさ」を使用しないほか、味が普通の料理に比べ薄いという特色があります。精進料理では、日本食の「五味（酸味、苦味、甘味、辛味、塩味）」の基本にさらに「淡味」を加え六味と考えます。「淡味」とはただ単純に薄味のことを指すのではなく、「素材そのものの持ち味を活かす味付け」のことを指します。

素材の特性を活かすということは、仏教における『殺生をしない心』につながるからです。この辺りにも、精進料理が「心の料理」と言われるゆえんがあります。

だしの味、煮物の味は人それぞれ好みがあります。味をみて、何か足りないなと思ったら、しょう油を少し多めに入れたり、塩を少々足して味を調えてください。また、調味料に少しこだわるだけでも味は大幅に変化します。「精進料理」をかたくるしくとらえず、相手や好みによって味付けや調理法は変えましょう。

例えば、お年寄りなら薄味で普段よりやわらかく煮る、といった具合です。食べる方に喜んでいただけるようにつくるのも、精進するということなのです。

■ 塩

色々な種類の塩があるが、料理にはミネラルのある自然の塩がよい。まろやかな甘みの藻塩が気に入っている。食塩は、漬物にする以外は使っていない。

■ 砂糖

味を丸くしたいときに使う。精進料理では隠し味程度にしか使わない。グラニュー糖や上白糖ではなく、きび糖や三温糖を使っている。

■ 濃口しょう油

一般的なしょう油。濃い色を出したり、しっかりとした味付けに向く。昔ながらの製法で作られた「角長」のしょう油が美味しい。

■ 薄口しょう油

関西で使われるしょう油。濃口より色が薄い。食材の色や風味を活かす調理に。薄口しょう油は「ヒガシマル」を愛用している。

■ みりん

野菜の味を活かし、旨みを引き出す。砂糖よりすっきりした深い甘味に。これは「キンミヤ焼酎」で有名な宮崎本店の本みりん。

■ 酒

だしのかどを取り、味を和らげる。精進料理では、味付けのみに使用するので、私は料理酒を使わず、普通の酒を使っている。

精進のごちそう

天ぷらを「精進揚げ」という理由

我が家では揚げ物をよく作ります。見栄えがしますし、何よりも若者には大変喜ばれます。

精進料理は、肉、魚など動物性食材が使えないため、バランスよくたんぱく質が摂れません。修行中の僧の食事は一汁一菜、ご飯と汁物とお菜一品ずつが基本です。そのような食事で修行していくエネルギーを確保していくために、精進揚げが伝わりました。揚げ物や炒めものなどの油を使った料理は、修行中の僧の貴重なエネルギー源なのです。

天ぷらといえば、四季折々の野菜をそのまま揚げ、素材を丸ごと楽しむのが醍醐味ともいえます。丸ごとではなくても、他の料理であまってしまった野菜などを揚げれば、材料を捨てずに全体を使い切ることもできます。

他にも、煮物を余分につくり過ぎてしまったら、揚げることで、同じ食材でも違う楽しみ方ができます。よく味をつけた煮物をさっと揚げ、そのままいただくと、煮物だけのときとはまた違った味わいになります。

精進揚げは、「殺生をしない」＝「素材の取り扱いを無駄にしない」、限られた素材をどうすれば無駄にせず使い切れるかという、仏教の考えのもとに生まれた料理方法でもあり、厳しい修行を積む若い僧達にとっては、最高のごちそうなのです。

大豆加工製品は欠かせない

私は、よく油アゲを使います。油アゲだけでなく、大豆加工製品は精進料理とは切っても切り離せない関係なのです。

先にも書いたとおり、肉、魚など動物性食材を使えない精進料理は、穀物や豆、野菜中心の食事になり、その中でも大豆製品を使った料理は豊富です。

大豆製品は良質で豊富なたんぱく質を含むことから、菜食でたんぱく質が不足しがちな修行中の僧にぴったりの食材だともいえます。

油アゲや厚アゲ、湯葉、豆乳、みそなどは、生食で食べることが難しい大豆を、食べる者を飽きさせないため、そして長期保存ができるように工夫してつくられた大豆加工製品です。

とくにみそ、油アゲ、厚アゲなどは手に入りやすいので、料理をつくるときによく使います。みそは練りみそやごまみそなどをつくっておいて保存し、さっとゆでた野菜につけて食べたり、生野菜につけていただきます。油アゲはまとめて買って冷凍しておけば、手軽で簡単に使えます。一緒に煮たり和えたりすれば、食べ応えが出て満腹感を得られるだけではなく、味わいにも奥行きが出るので非常に便利です。

大豆加工製品は、栄養面から見ても非常に有益な食品で、限られた素材で奥深い精進料理を作るために、欠かせないものなのです。

道具を愛しむ心

使いっぱなしにしない思いやり

我が家の台所は、三十数年前のまま、義母《はは》が使っていた調理用具をそのまま使っています。

ただ、包丁だけは２年に１本新しくしています。菜切り包丁を愛用しているので、レモンなどの柑橘類を切るときは、サビないようステンレスのものを使うように分けています。切れ味が悪いと、野菜の切り口が汚くなって料理の見栄えが悪くなってしまう上に怪我をしますので、汚れをよく落としてしっかりと水気を拭き、乾燥した場所に保管します。

よく切れる包丁は、調理するのが楽しく、美しく上手につくれるような気がします。

■ 包丁

包丁は手入れを怠ると、切れ味が悪くなる。よく洗い、よく水けをふき取ることが肝心。殺菌したい場合は直接火にかけてはいけない。必ず熱湯消毒すること。

■ まな板

木でつくられたまな板は、タワシなどでよく洗い、清潔にすること。たまに日干しをするとよい。まな板も殺菌したい場合は、洗剤を使用しないで熱湯消毒で。

■ 鍋

鍋は洗剤を使うと傷みが早くなる。油ものを使ったとき以外は水洗いでよい。水洗いをして水気をよくふき取り、乾燥した場所においておけば長く使える。

いらない物を上手に使う工夫を

使わなくなった生活用品は、捨てずに台所の清掃に使います。毛先が開いてしまった歯ブラシは、台所の溝など細かい場所を掃除するのに便利です。古いふきんや手ぬぐい、着なくなったシャツなどもきれいに洗って小片に切り、常に台所に置いて油をふいたり、鍋の下敷きにしたりします。

これも「無駄にしない」教えというわけではないのですが、生活をしている上で使えなくなった物を捨てる前に、何かに利用できないかと考えてみます。

精進料理とは関係ないかもしれませんが、再利用する工夫は大事なことだと思います。

■ 新聞紙

揚げものを油から上げる際には、新聞紙を使う。使ったらそのまま捨てることができるし、油をよく吸い取ってくれるのでとても便利。

■ 封筒

封筒に銀杏を入れ、レンジで加熱すると簡単に調理できる。封筒は封を開けた使用済のもので構わない。レンジで４～５分加熱してホクホクの銀杏を召し上がれ。

■ お菓子の容器

プリンやお菓子に使われているプラスチックの容器をとっておけば型に使える。レシピにある胡麻豆腐や枝豆豆腐を、ちょっと変わった形にして食べるのも面白い。

旬の野菜をいただく

思いやりをもって

精進料理は「旬」を大切にします。最近は、時季でないものもお店に並びますが、やはり時季に食べる野菜が一番美味しく、各季節に体が必要とするものを自然と補ってくれるものだからです。

日本では、春夏秋冬、さまざまな野菜が季節ごとに変化し、それぞれの味わいを楽しませてくれます。しかし、旬の野菜は同じ顔ぶれが並ぶため、飽きないように調理法や味付けなどに工夫が必要です。

どんな形に調理するにせよ、採れたての野菜は格別です。自然の恵みに感謝して美味しくいただく努力を怠らないようにしましょう。

料理で一番大切なのは「思いやり」です。人に対しても、素材に対しても、思いやりを持って取り組むことが大切です。

人に対しては、レシピにこだわらず相手が喜んで食べてくれるように調理すること。素材に対しては、その素材を無駄にせず、美味しくいただき、あまったものはきちんと保存し最後まで使い切ることです。

大根やかぶの葉など用途がわからずに捨ててしまう方もいらっしゃるでしょうが、塩漬けにしたり、煮たりと工夫すれば、美味しく食べることができるのです。

余った野菜の活用方法

■ 長ねぎ

中途半端にあまってしまった長ねぎは、小口切りやみじん切りにして保存容器に入れ、冷凍しておくと便利。1カ月は持つので薬味が欲しいときにさっと取り出して使える。風邪をひいたとき、みそ汁にたっぷり入れて飲めば体によく効く。

■ れんこん

すりおろして、だんご状にし、ふかして保存容器に入れておけば、おかずが足りないときに便利。揚げて食べてもよいし、汁物の具にもなる。すりおろしたれんこんをしょう油と塩で味付けし、布でこして熱湯を注げば、れんこん湯もできる。

■ 大根

葉つき大根を1本買ったときは、本体と葉を切りわける。葉は菜飯にしてもよいし、塩でもんで漬物にも。ごま油で炒め、しょう油で味を付ければふりかけにもなる。本体も残ったら、刻んで3～5日天日で干しておけば自家製の切干大根に。

■ かぶ

かぶも買ったらまずは本体と葉を切り分ける。葉を付けたままおいておくと、かぶ本体の水分が葉に奪われてしまう。かぶの葉も炒めてふりかけにしたり、塩で漬けて漬物にもなる。皮は洗って干しておけば、だしとして使うと甘みが出てよい。

■ かぼちゃ

丸ごと手に入ったら、1/3か1/4に切って種とわたを取る。後で使いやすいように切ってビニールに入れ、冷蔵庫へしまう。ゆでて熱いうちにつぶし、冷ましてから冷凍しておけば、時間がないときでも、サラダやコロッケが簡単につくれる。

■ さつまいも

寒い冬に外に出しっぱなしにしてしまうと傷みが早くなるので気をつけて。さいころ状に切って冷凍保存もできる。蒸したさつまいもがあまったら、3～4日天日で干せば干しいもになる。そのまま食べても、さっと焼いても美味しい。

季節野菜の保存方法

■ アスパラ

アスパラは湿らせた新聞紙や紙でくるみ、横にせず立てかけて冷蔵庫で保存を。冷凍保存する場合は、熱湯でかために さっとゆでてからラップで包み、冷凍庫へ。使うときは凍ったまま調理すればよい。

■ 長いも

使いかけのものは、切り口が乾燥しないようにラップで包んで冷蔵庫へ。また、すりおろしたものを密閉容器や保存袋に入れて冷凍保存しておけば、やまかけなど少量使いたいときに便利。

■ 枝豆

枝豆は収穫されてからも呼吸しているので、買ったらすぐに冷凍保存を。たっぷりの熱湯でゆで、素早く水で冷ましてからビニール袋に入れて冷凍庫へ。使うときは、塩を入れた熱湯でゆでてからいただく。

■ ごぼう

泥つきのごぼうはそのまま新聞紙にくるんで、風通しのよい場所へ。洗いごぼうはビニールに入れて冷蔵庫で保存する。冷凍する場合はささがきにし、熱湯で1分ほどゆでてから密閉容器に入れ冷凍庫へ。

■ オクラ

オクラは日持ちしないので、買ったらすぐに冷凍保存するのがおすすめ。板ずりをして細かい毛を落とし、かために さっとゆでてよく水気を切り、ラップでしっかりと包んでビニールに入れ、冷凍庫へ。

■ ほうれんそう

葉先がかわかないように、湿らせた新聞紙や紙などにくるんでビニール袋に入れ、立てかけて冷蔵庫へ入れておけば鮮度が長持ちする。冷凍保存する場合はさっとゆでてラップに包めば3週間は持つ。

料理がはかどる野菜の知識

■ ごま

ごまには、なまごまといりごま、すりごまがある。なまごまを炒るといりごまになり、いりごまをすり鉢であたるとすりごまになる。忙しければ、市販すりごまでもかまわないが、その都度あたるほうが風味が楽しめる。

■ ぎんなん

ぎんなんの皮むきは楽しくもあり、面倒でもある。普通は殻を割り、薄皮は熱湯にくぐらせて取るが、封筒に入れて電子レンジにかける方法も。殻がはじけ、薄皮も簡単に手でむける。

注意　冷凍保存期間の目安は、特に記載がない限り3カ月程度です。

感謝していただく

四季の楽しみ

私の実家は鎌倉のそばで、少しばかりの畑があり、そこで野菜をつくっておりました。そのおかげで、採りたての小さなきゅうりやなす、さやえんどうなどを収穫する喜びを感じて育ちました。

東京の三田に嫁入りをし、こちらでは季節の野菜がわからなくなるほど簡単に手に入るようになりましたが、義母が春になると、きゃらぶきを煮たり、梅干を漬け、冬にはたくあんやゆべしをたくさんつくっていました。

「四季の野菜の楽しみ方は、収穫だけではなく、調理法にもあるのだな」と思えるようになり、私も教えていただいたように少しずつですがつくっています。

お寺にいるおかげで、檀家さんからご当地野菜をいただくことがあります。どんな方がつくられたか、目に見えるようでとても有難いです。人の手により丹精込めてつくられた野菜を見て、それを食し、また土に触れて野菜をつくることを考えると、改めて人も自然の一部なのだと実感させられます。

四季折々の野菜に出合い、それに合った調理法で料理することが、今ではとても楽しみです。

「いただきます」の心

精進料理には調理法から食事の作法に至るまで、細かい作法が決められています。例えばご飯をいただく前に「いただきます」と合掌するでしょう。これは、「命を頂戴いたします」と料理に対し感謝の意を込め伝える行為なのです。

それを行うことによって、私たちがほかの生命を食して生きている現実を理解することにもなります。

食事中は無駄なおしゃべりや、音はなるべく立てないようにし、よく噛んで味わいます。取り皿をきちんと手に取り、食べられないものがあったら最初に別の器に移し、食べられる分だけ取り皿に盛り、盛った物は残さないようにします。

これは食材に対し敬意を払うということです。ここに挙げた以外にも、作法は色々とあります。最近は、本を読みながらや、テレビを観ながら食事する方が多いと思います。

それが悪いこととはいいませんが、料理や食材と真摯に向き合うことも必要です。料理と向き合うことは自分と向き合うこと。背筋を伸ばして正座をし、ゆっくりお味を楽しみながら、生きていることへの感謝の気持ちを忘れないようにしたいものです。

あとがき - 先代の智恵を伝える料理

人が喜ぶと、自分も幸せになる

嫁ぎ先の義母《はは》はとても聡明な女性でした。毛筆の手紙は美しい字でしたし、絵もとても上手で、義父《ちち》の本の挿絵や表紙なども描いておりました。もちろんお裁縫や料理も抜群でした。どんなにか義父の仕事の役に立っていたと思います。

そんな義母から、郷里の三重県の野菜料理をずいぶん習いました。季節の食材を利用して、大勢の方々に供するコツを教えてもらいました。

毎年春はキャラブキ、夏は梅干、秋は沢庵漬け、冬はゆべしづくり、それらは欠かさない行事でした。毎回手伝いをしながら、義母の味を覚えていきました。いつもつくり方を習いたい人が一緒に手伝ってくれまして、みんなで楽しく作業したのを思い出します。

これからも、季節の料理や母の行事を楽しんで行こうと思っております。

また、小さいころから家族の食事づくりを教えてくれた、実家の母にも感謝しております。

最後に編集者の長谷川恵子さんには、一緒に料理づくりをお手伝いいただき、「楽しい、美味しい」と言ってくださいました。家庭でのお料理づくりは人を喜ばせて、自分も幸せになるような気がします。

長谷川さん、原稿を手伝ってくれた松久さん、スタイリストの鈴木亜矢子さん、カメラの森岡篤さんに、心からお礼を申し上げます。

二〇〇九年三月　松原真紗子

松原真紗子《まつばらまさこ》

一九四五年、北鎌倉臨済宗《りんざいしゅう》円覚寺《えんがくじ》塔頭《たっちゅう》雲《うん》頂庵《ちょうあん》に生まれる。一九六九年、臨済宗妙心寺派龍源寺《りゅうげんじ》の松原哲明《てつみょう》氏に嫁ぐ。義父は松原泰道《たいどう》氏。茶道裏千家教授。龍源寺にて茶道教室を開いている。

寺の娘に生まれ、季節の野菜を取り入れた精進料理に慣れ親しみ、嫁いだのちも義父、義母、夫、三人の息子たちに加え、軽井沢の坐禅堂「日月庵《にちげつあん》」の坐禅合宿の参加者たちの料理を四十年にわたりつくり続ける。日々の食事だけでなく、お寺の年中行事に合わせ、多いときは二百人分もの料理をふるまう。

龍源寺ＨＰ＝http://www.ryugenji.com/

お寺の奥さんがつくるおかず

二〇〇九年三月二〇日　第一刷発行

著　者　松原真紗子《まつばらまさこ》
発行者　南　暁
発行所　大和《だいわ》書房
東京都文京区関口一―三三―四　郵便番号　一一二―〇〇一四
電話　〇三―三二〇三―四五一一
振替　〇〇一六〇―九―六四二二七

ブックデザイン　草野リカ(alon.)
写真　森岡篤
スタイリング　鈴木亜矢子
原稿協力　松久美由紀
岡田マキ
印刷所　凸版印刷
製本所　凸版印刷

ISBN978-4-479-92012-0

http://www.daiwashobo.co.jp